KB018994

조선 왕조 500년 유지의 비결, 12가지 법과 제도

히스토리 톡톡

조선 왕조 500년 유지의 비결
12가지 법과 제도

히스토리 톡톡

초판 1쇄 발행일 2019. 02. 19
3쇄 발행일 2020. 12. 25

지은이 | 이광희 **발행인** | 이영남 **펴낸곳** | 스마트주니어 **편집** | 이정화 **디자인** | design s
그린이 | 김준영 **사진제공** | 국립 중앙 박물관, 국립 민속 박물관, 국립 고궁 박물관, 문화재청, 셔터스톡, 위키미디어 공용
출판등록 | 2013년 5월 16일(제2013-000150호)
주소 | 서울시 마포구 상암동 월드컵북로 402번지 KGIT빌딩 925D
전자우편 | thinkingdesk@naver.com **전화** | 02-338-4935(편집), 070-4253-4935(영업) **팩스** | 02-3135-1300

ISBN 978-89-97943-62-3 (43910)

* 이 도서의 국립중앙도서관 출판예정도서목록(CIP)은 서지정보유통지원시스템 홈페이지(http://seoji.nl.go.kr)와
국가자료공동목록시스템(http://www.nl.go.kr/kolisnet)에서 이용하실 수 있습니다. (CIP제어번호:CIP2019002420)

조선 왕조 500년 유지의 비결, 12가지 법과 제도

히스토리톡톡

이광희 지음

스마트주니어

조선 500년을 유지한 법과 제도

역사를 이해하는 여러 방법이 있습니다. 굵직한 사건을 통해 역사의 흐름을 살펴볼 수 있고, 인물의 활약을 통해 사건의 실체에 접근할 수 있습니다. 유물과 유적을 통해 당시 사람들의 생활과 문화를 알 수도 있습니다. 하지만 더 정확하게 그 시대의 모습을 파악하는 방법이 있습니다. 바로 그 시대의 법과 제도를 살펴보는 것입니다. 법과 제도는 국가, 가정, 마을 등 한 집단의 뼈대이자 그 사회의 성격을 알려 주는 핵심 열쇠입니다.

《히스토리 톡톡》에서는 조선이 어떤 국가 비전을 가지고 국가를 유지하고 운영했는지, 조선의 법과 제도는 오늘날까지 어떻게 이어져 왔는가를 살펴보려고 합니다.

조선 시대는 모든 권력을 왕이 독차지한 것 같지만 실제로는 엄격한 법치 국가였습니다. 왕은 국법에 따라 백성들을 다스려야 했습니다. 왕이라고 해도 함부로 법을 어길 수는 없었습니다. 조선은 잘못된 법을 수없이 고쳐 가며 500년이나 나라를 이어 온 것입니다. 조선의 법과 제도는 성종 대에 완성된《경국대전》에 모두 수록되어 있습니다.《경국대전》

에는 행정, 사법, 신분, 조세, 국방, 외교, 생활 규약 등 조선을 운영하는 데 필요한 모든 법뿐만 아니라 양반에서 노비에 이르는 모든 백성이 지켜야 할 규약까지 정해져 있습니다. 《히스토리 톡톡》은 그중 법과 제도의 뼈대가 되는 과거 제도와 신분 제도, 토지와 세금 제도, 형사와 재판 제도, 뇌물 방지법인 분경 금지법, 왕과 백성의 직접 소통 제도였던 상언과 격쟁 등을 중점적으로 다루고 있습니다.

이 책은 《중학 독서평설》에 2년 동안 연재한 '법과 제도로 보는 한국사' 원고 가운데 가장 핵심이 되는 주제를 뽑아 엮은 것입니다. 멋진 책으로 만들어 준 스마트주니어 이영남 대표께 감사드립니다.

조선의 법과 제도를 통해 조선 사회를 이해하고, 그때의 법과 제도가 오늘날 어떻게 발전해 왔으며, 조선에서 배울 점은 무엇인지 생각해 보는 계기가 되었으면 좋겠습니다.

2019년 이광희

히스토리
톡톡
차례

1
과거 제도

과거 제도란

고려 시대와 조선 시대에 관리를 뽑을 때 실시하던 시험입니다. 고려 광종 때인 958년에 중국에서 넘어온 쌍기의 건의를 받아들여 처음 시행되었으며 조선 시대에 그 중요성이 매우 커졌습니다. 과거 시험의 종류로는 문신을 뽑는 문과, 무신을 뽑는 무과, 기술직을 뽑는 잡과가 있었으며 가장 중요한 시험은 문과였습니다. 문과는 소과와 대과가 있었고, 소과에 합격해야 대과에 응시할 수 있었습니다. 과거 시험은 양인이면 누구나 응시할 수 있었으며 3년마다 치르는 것이 원칙이었지만, 임시 시험도 자주 있었습니다. 문과와 무과에서 장원으로 급제를 하면 3일 동안 고향에서 잔치를 벌였습니다.

진행자 여러분 안녕하십니까? 아비 없는 자식이 없고 과거가 없이는 현재도 없겠지요. 현재를 올바로 이해하기 위해선 과거를 아는 것이 가장 중요합니다. 따라서 옛것을 익혀 새것을 만드는 온고지신의 마음으로 역사 속 훌륭한 법과 제도를 살펴보는 《히스토리 톡톡》 시간을 마련했습니다. 도움 말씀을 주실 패널 두 분 모셨는데요, 먼저 어려운 법률 상식을 알기 쉽게 해설해 주시는 강혜영 변호사 나오셨습니다. 강 변호사님, 안녕하세요?

변호사 안녕하세요? 강혜영입니다.

경국대전

조선 시대에 나라를 다스리는 기준이 된 법전으로, 세조 때 최항, 노사신, 강희맹 등이 만들기 시작해 성종 때 완성됐습니다. 의정부와 육조는 물론 지방 관아도 《경국대전》에 따라 백성을 다스렸으며 백성들은 토지를 매매하는 일, 상속과 관련된 일 등 일상생활을 할 때도 《경국대전》을 따랐습니다.

진행자 다음은 대학에서 역사를 가르치며 역사 평론가로 활동하고 있는 정두식 교수님 나오셨습니다. 어서 오세요, 정 교수님.

평론가 반갑습니다. 정두식입니다.

진행자 지금부터 두 분과 함께 우리 역사 속에 어떤 법과 제도가 있었는지, 오늘날 법률과 어떤 점이 다른지, 그리고 배울 점은 무엇인지 알아보도록 하겠습니다. 본격적으로 이야기를 시작하기 전에 두 분에 대해 소개해 드리죠. 강 변호사님은 《경국지색 강 변호사의 알기 쉬운 경국대전》이라는 책을 쓰셨습니다. 어떤 책인가요?

변호사 제가 옛 법과 제도에 관심이 많아서 조선의 근간을 이루는 법전인 《경국대전》을 연구했는데, 《경국지색 강 변호사의 알기 쉬운 경국대전》은 그 법전을 요즘 사람들도 알기 쉽게 해설한 책이에요.

진행자 옛것을 살펴서 오늘을 밝히는 온고지신 정신을 살린 책이군요. 굉장히 훌륭합니다. 그런데 경국지색 강 변호사는 어떤 의미인가요?

변호사 경국지색이 임금이 마음을 빼앗겨서 나라가 기울어져도 모를 정도로 아름다운 여인이란 뜻이잖아요. 저랑 딱 맞는 표현이어서 책 제목에 넣었어요. 안 그런가요?

진행자 아, 그렇군요. 정 교수님은 오랫동안 역사 평론을 하면서 《정평의 역사 직썰》이란 책을 내셨어요. 간단히 책 소개를 해 주세요.

평론가 제가 뛰어난 직관력과 상상력을 바탕으로 타의 추종을 불허하는 역사 평론을 하는 것으로 정평이 나 있지 않습니까? 그동안 발표한 평론 가운데 정수를 모아 엮은 책입니다.

진행자 잘 알겠습니다. 두 분 덕분에 우리 프로그램이 대박이 날 거라는 예감이 듭니다. 그럼, 첫 번째 주제인 조선 시대 과거 제도 이야기를 시작하겠습니다. 먼저 과거 제도는 언제부터 시작되었는지 말씀해 주십시오.

평론가 과거 제도는 중국에서 시작된 제도입니다. 중국 수나라 때인 587년에 처음 실시되어 청나라 때인 1905년까지 이어졌습니다. 중국에서 무려 1300년이 넘도록 이어진 관리 선발 제도입니다. 우리나라는 고려 광종 때인 958년에 중국 후주에서 귀화한 쌍기의 건의를 받아들여 과

> *“과거 제도는 고려 광종 때부터 조선 고종 때까지 930여 년 동안 이어졌습니다.”*

노비안검법

고려 광종 때 본디 양민이었던 노비를 해방시켜 주기 위하여 만든 법입니다. 고려를 건국하면서 억울하게 노비가 된 사람이 많았는데, 노비는 토지와 함께 호족의 경제적, 군사적 기반이 되었습니다. 광종은 노비안검법을 실시함으로써 국가 재정을 튼튼히 하면서 호족의 세력을 약화시켜서 왕권을 강화할 수 있었습니다.

거 제도를 처음 실시해서 조선 고종 때인 1894년까지 이어졌습니다.

진행자 고려 광종이 과거 제도를 시행한 배경이 있나요?

평론가 있습니다. 광종은 고려 제4대 왕인데, 그가 왕이 되었을 때 왕권이 무척 약했습니다. 태조 왕건과 함께 고려 건국에 참여했던 호족들이 권력을 쥐고 있었기 때문입니다. 광종은 호족의 힘을 누르고 왕권을 강화하기 위해 두 가지 조처를 취합니다. 하나가 노비안검법이고, 나머지 하나가 과거 제도입니다.

진행자 노비안검법을 역사 시간에 배운 기억이 어렴풋이 나네요. 시청자 여러분을 위해 설명을 해 주십시오. 어느 분이 해 주실래요?

변호사 법에 관련된 거니까 변호사인 제가 말씀드릴게요. 노비안검법은 일종의 노비 해방법이에요. 광종 때만 해도 막강한 권력을 가진 호족들이 가난한 양민을 자신들의 노비로 삼는 일이 많았어요. 이 노비들을 광종이 해방시켜서 다시 양민으로 만든 법이에요. 광종은 노비안검법으로 일석이조 효과를 거두었죠.

진행자 두 가지 효과를 거뒀단 말씀이죠?

평론가 정확히 말씀드리면 일석삼조라고 봐야 합니다. 첫째, 호족들의 경제력을 약화시켰습니다. 노비는 호족들의 재산으로, 노비가 많을수록 부자였습니다. 그런데 양민이었던 노비가 다시 양민이 되면서 그만큼 호족들의 재산이 줄어들면서 경제력이 약화된 것입니다. 둘째, 호족들의 군사력을 약화시켰습니다. 당시 노비는 호미 들면 농부요, 창을 들면 사병이었습니다. 노비가 많다는 것은 왕과 대적할 수 있는 군대를 가졌다는 것과 같습니다. 노비안검법으로 호족들은 군사력을 잃게 됐습니다. 마지막으로 국가 재정이 튼튼해졌습니다. 노비는 원래 세금을 안 냅니다. 그런데 노비들이 도로 양민이 돼 나라에 세금을 내니까 자연스럽게 국가 재정이 늘어났습니다. 이렇듯 광종은 노비안검법으로 호족의 경제, 군사력을 약화시키면서 왕권을 강화할 수 있었습니다.

진행자 그렇군요. 오늘의 주제와 직접 관련이 없는 노비안검법에 대해서 자세히 알아보았는데요, 이제 과거 제도가 광종의 왕권 강화와 무슨 관련이 있는지 말씀해 주시죠.

평론가 고려 초에는 태조 왕건을 도와 고려를 세운 호족들이 모든 권력을 장악하고 있었습니다. 그러니 광종은 왕이었는데도 할 수 있는 일이 많지 않았습니다. 나랏일을 하는 관료도 호족들이 차지하고 있었지요. 광종은 소위 자기 사람을 키우기 위해 과거 제도를 도입해 젊고 유능한 관료를 뽑기 시작했습니다. 과거 제도를 통해 관리가 된 젊은 관료

*"고려의 과거는 문신을 뽑는 문과,
무신을 뽑는 무과, 승려를 대상으로 하는 승과,
기술직을 뽑는 잡과가 있었습니다."*

들이 광종을 보필하는 친위 세력이 된 건 당연한 일이었지요.

진행자 과거 제도의 도입에 그런 정치적인 배경이 있었군요. 그런데 과거제 하면 보통 조선의 과거를 떠올리잖아요. 고려와 조선의 과거 제도에 대해서 강 변호사님께서 설명해 주실래요?

변호사 과거는 크게 문신을 뽑는 문과, 무신을 뽑는 무과, 의원이나 역관 같은 기술직 관리를 뽑는 잡과로 나눌 수 있어요. 승려들을 대상으로 시험을 보는 승과도 있고요. 고려와 조선은 모두 문과를 통해 관리가 된 문신을 우대했어요. 하지만 무신의 경우는 달랐지요. 고려는 무과가 있기는 했지만 거의 실시되지 않았으며 무신을 홀대했어요. 전쟁이 일어났을 때 군대를 이끌던 장수들도 무신이 아니라 문신이었어요. 거란의 침입을 물리친 강감찬이나 여진을 정벌한 윤관이 대표적이지요. 조선은 문과 시험과 함께 무과를 치렀는데 고려보다는 대접을 받았어요. 승과도 고려와 조선은 달랐어요. 고려는 승려들이 보는 승과가 아주 중요한 시험이었어요. 고려는 불교를 믿는 나라였기 때문이죠. 이에 비해 조선에서는 승과가 유명무실해졌어요. 조선은 숭유억불, 즉 유학을 숭상하고 불교를 억제하는 나라였기 때문에 유학자들이 승과를 폐지하라고 요청했거든요.

진행자 고려 때는 무과를 거의 실시하지 않았고, 조선 때에는 승과가 점점 유명무실해졌다, 이거군요. 다른 차이점이 또 있나요?

평론가 고려에서는 과거 시험을 보지 않고 관료가 되는 경우가 조선보다 훨씬 많았습니다. 음서 제도 때문인데, 음서는 고위 관료의 자식을 시험 없이 관리로 채용하던 제도를 말합니다. 요즘 말로 금수저를 자식에게 물려주는 것이지요. 조선에도 음서로 관료가 되는 경우가 있었지만 고려보다 훨씬 적었습니다. 게다가 음서로 뽑힌 관료는 높은 자리에 올라갈 수도 없었습니다.

진행자 지금까지 과거 제도가 시행된 배경과 고려와 조선의 과거 제도의 차이점에 대해 알아봤는데요, 과거하면 보통 조선을 떠올리잖아요. 그래서 조선의 과거 제도가 어떻게 시행됐는지 알아보기 위해 이 기자가 현장에 나가 있습니다. 함께 보시죠.

음서 제도

고려와 조선 시대 때 나라를 위해 큰 공을 세웠거나 고위 관료의 자제가 과거를 보지 않고서도 관리로 채용되는 제도입니다. 고려 때는 문벌 귀족의 자제들이 음서를 통해 관리가 되는 경우가 많았는데, 조선에서는 혜택이 많이 줄었고, 고위 관리가 되기도 어려웠습니다.

현장 인터뷰

과거 시험의 과거 속으로

저는 과거 시험을 보고 있는 조선 도성에 나와 있습니다. 지금 이곳에서 응시자 수백 명이 돗자리를 깔고 앉아 열심히 답안지를 작성하고 있습니다. 응시생 주변으로 시험을 감독하는 감독관이 보입니다. 답안 작성을 마친 응시자들이 답안지를 내고 시험장을 빠져나가는 모습도 보입니다. 과거장을 빠져나가는 수험생과 잠깐 이야기를 나눠보겠습니다.

기 자 방금 시험을 끝내신 거 같은데, 어디서 오신 누구신지요?

선 비 안동에서 온 김 아무개요.

기 자 멀리서 오셨군요. 과거는 처음인가요?

선 비 말씀드리기 부끄럽소만 이번이 일곱 번째라오.

기 자 우아, 일곱 번째요? 공부를 열심히 하셨을 텐데 그렇게 급제하기 어려운 가요? 아니면 선비님 머리가 좀…….

선 비 아니, 이 양반이. 과거가 얼마나 어려운지 잘 알지도 못하면서……. 저리 비키시오. 나는 이만 가 봐야겠소. 에힝!

기 자 정말 궁금해서 여쭤본 건데, 선비님 마음을 상하게 만든 거 같아 미안하군요. 그럼 과거 시험이 도대체 얼마나 어려운지 시험 감독관과 이야기를 나눠 보겠습니다. 감독관님, 수고가 많으십니다. 과거 시험을 어떻게 치르는지 말씀해 주세요.

감독관 문신을 뽑는 문과는 3년마다 정기 시험을 쳐서 전국에서 33명을 뽑소.

이밖에 나라에 경사가 있을 때 실시하는 비정기적인 과거도 있소이다.

기 자 우아, 3년마다 겨우 33명만 뽑는다고요? 정말 어렵네요.

감독관 어렵고말고요. 그 33명 안에 들려면 소과와 대과를 모두 통과해야 한다오.

기 자 소과와 대과요. 문과에 급제하려면 어떤 과정을 거쳐야 하는 겁니까?

감독관 문과는 소과와 대과가 있소. 그중 소과는 생원을 뽑는 생원시와 진사를 뽑는 진사시로 나눌 수 있소. 생원시는 유교 경전을 해석하는 시험이고, 진사시는 문장과 시를 짓는 시험이외다. 두 시험 모두 1차 시험인 초시와 2차 시험인 복시를 치러야 하오. 생원과 진사는 각각 100명씩 뽑소.

기 자 소과에 합격한 선비를 생원, 진사라고 하는군요. 소과에 합격한 다음에는요?

감독관 생원과 진사가 되면 국립 대학인 성균관에 입학할 수 있는 자격을 얻게 된다오. 성균관에 입학한 후에는 성균관에서 먹고 자면서 대과를 준비하지요. 물론 집에서 대과를 준비하는 선비도 많소. 대과도 소과처럼 1차 시험인 초시와 2차 시험인 복시를 치르는데, 복시에 합격하면 사실상 과거에 급제한 것이라오. 마지막 3차 시험인 전시는 복시 합격자 33명의 등급을 정하는 시험이오.

기 자 우아, 정말 과거에 급제하기가 하늘에 별 따는 것만큼 어렵군요. 하지만 나라를 이끌어 갈 인재를 선발하는 것이니 절차가 엄격하고 공정해야겠지요. 무신을 뽑는 무과도 문과처럼 어렵습니까?

감독관 어렵다마다요. 무관을 뽑는 시험이니 무술 실력이 뛰어나야 하고, 유교 경전이나 병서, 역사서도 공부해야 한다오. 무과도 문과처럼 1차 시험인 초시와 2차 시험인 복시, 3차 시험인 전시가 있다오. 초시에서는 무술 실력을, 복시에서는 무술 실력뿐만 아니라 사서오경 실력까지 본다오. 복시에서 뽑힌 28명은 전시에서 등급을 매겼소.

기 자 전문 기술 관료도 과거를 보고 뽑습니까?

감독관 그렇소. 전문 기술 관료를 뽑는 시험을 잡과라고 하오. 잡과에는 통역사를 뽑는 역과, 의원을 뽑는 의과, 천문과 지리 시험인 음양과, 법률 시험인 율과 이렇게 네 종류가 있소. 잡과는 초시와 복시만 보고 뽑는데, 전문 지식만 공부하면 되는 것이 아니라오. 유교 경전과 《경국대전》도 공부해야 한다오. 아, 내가 지금 시험 감독 중이라 길게 얘기하기 힘들 듯하오. 그럼 이만.

기 자 과거 현장에서 과거를 치른 선비 한 분과 감독관을 만나 과거가 얼마나 어렵고 복잡한 시험이었는지 알아봤습니다. 과거에 급제해야만 출세할 수 있는 조선에서 빨리 대한민국으로 돌아가고 싶은 심정입니다. 스튜디오 나와 주시죠.

"조선 시대 문과 시험에 합격하는 것은
하늘의 별 따는 것만큼 어려웠습니다."

변호사 의사, 조선 시대 기술직에서 21세기 최고 전문직으로

진행자 이 기자 수고했습니다. 두 분, 현장 취재 잘 보셨죠? 감독관이 말씀을 하다 말았는데, 의사나 변호사 같은 전문직 기술 관료를 잡과를 통해서 선발했다는 것이 흥미롭군요.

평론가 조선 시대에는 잡과로 뽑힌 의사나 변호사는 유학을 공부한 문관보다 훨씬 못한 대우를 받았습니다. 그런데 요즘은 젊은이들이 선망하는 최고 직업이 됐습니다그려. 쯧.

변호사 조선은 유학만 우대하다 날 샜어요. 과학 기술, 의학, 천문 지리, 법률 같은 학문을 무시하는 바람에 조선 말에 서양의 침입에 속수무책으로 당한 거잖아요.

진행자 강 변호사님, 너무 흥분하지 마시고요. 정 교수님, 조선의 선비들이 평생을 죽어라 과거에 매달리는 이유가 뭔가요?

평론가 한마디로 양반이 되기 위해서입니다. 조선에서는 원칙적으로 과거에 합격한 사람만 양반이었습니다. 조선에서는 양반이 되어야 대접을 받으니 기를 쓰고 과거에 급제하려고 한 것입니다. 또 하나, 관료가 되어 갈고닦은 학문을 국가를 경영하는데 써 보고자 하는 뜻도 있었죠.

진행자 그렇군요. 과거 제도의 장점도 있을 거 같은데요.

평론가 과거는 꽤 공평한 시험이었습니다. 노비 같은 천민만 아니면 누구나 과거를 볼 수 있었습니다. 그러니 조선의 흙수저들도 마음먹고 공부하면 과거에 합격해 양반이 될 수도 있었습니다.

변호사 그건 하나만 알고 둘은 모르는 말씀이에요. 양인이면 누구나 과거를 볼 수 있는 건 맞아요. 그런데 눈 뜨자마자 들에 나가 하루 종일 일하다 저녁 때 들어와 밥 먹고 곯아떨어지는 농민이 무슨 수로 과거 준비를 하겠어요? 일곱 번 떨어진 선비 말 들으셨죠? 밥 먹고 밤낮으로 유교 경전을 외운 유생들도 열 번 스무 번 떨어지는 게 예사고요. 그러다 보니 평생 과거에 매달리는 '과거 폐인'도 많이 생겨났어요.

진행자 과거 폐인이요, 과거 제도의 다른 문제점은 없었나요?

평론가 유교 경전을 많이 외고, 문장을 잘 짓는 능력으로 관리를 뽑는 게 과연 바람직한 관리 선발 방식인가 하는 비판을 받습니다. 하지만 과거 제도는 유학 지식과 문장을 짓는 능력이 꼭 필요했습니다. 외교 문서를 작성할 때나 왕에게 상소를 올릴 때 옛 유교 경전과 역사서 등에서 적절한 예를 인용해 아름답게 문장을 짓는 것을 매우 중요하게 여기던 시대였으니까요.

진행자 그렇군요. 이제 과거 제도를 정리해 보죠. 과거 제도 하면 소과니 대과니, 초시니 복시니 도대체 뭔 말인지 하나도 모르겠던데, 어느 분이 명쾌하게 정리해 주실래요?

변호사 제가 간단명료하게 정리해 드릴게요. 제가 시험 준비할 때 워낙 정리를 잘해서 친구들이 다 제가 만든 족보를 보려고 난리였걸랑요. 조선의 과거는 문과, 무과, 잡과 세 종류가 있었어요. 그중 과거의 꽃은 문관을 뽑는 문과였죠. 조선이 유교를 숭상하던 나라여서 그래요. 과거 시험은 종류도 많고 과정도 복잡해 보이는데 제가 표를 통해 정리해 봤어요. 보시죠.

진행자 오우, 강 변호사님, 대단해요. 그 복잡한 걸 이리 간단히 정리하다니. 문뜩 궁금한 게 있는데, 교수님, 과거 시험은 경쟁률이 얼마나 됐나요?

평론가 평균 2000대 1이라고 전해집니다.

진행자 헐! 200대 1도 아니고 2000 대 1이라고요?

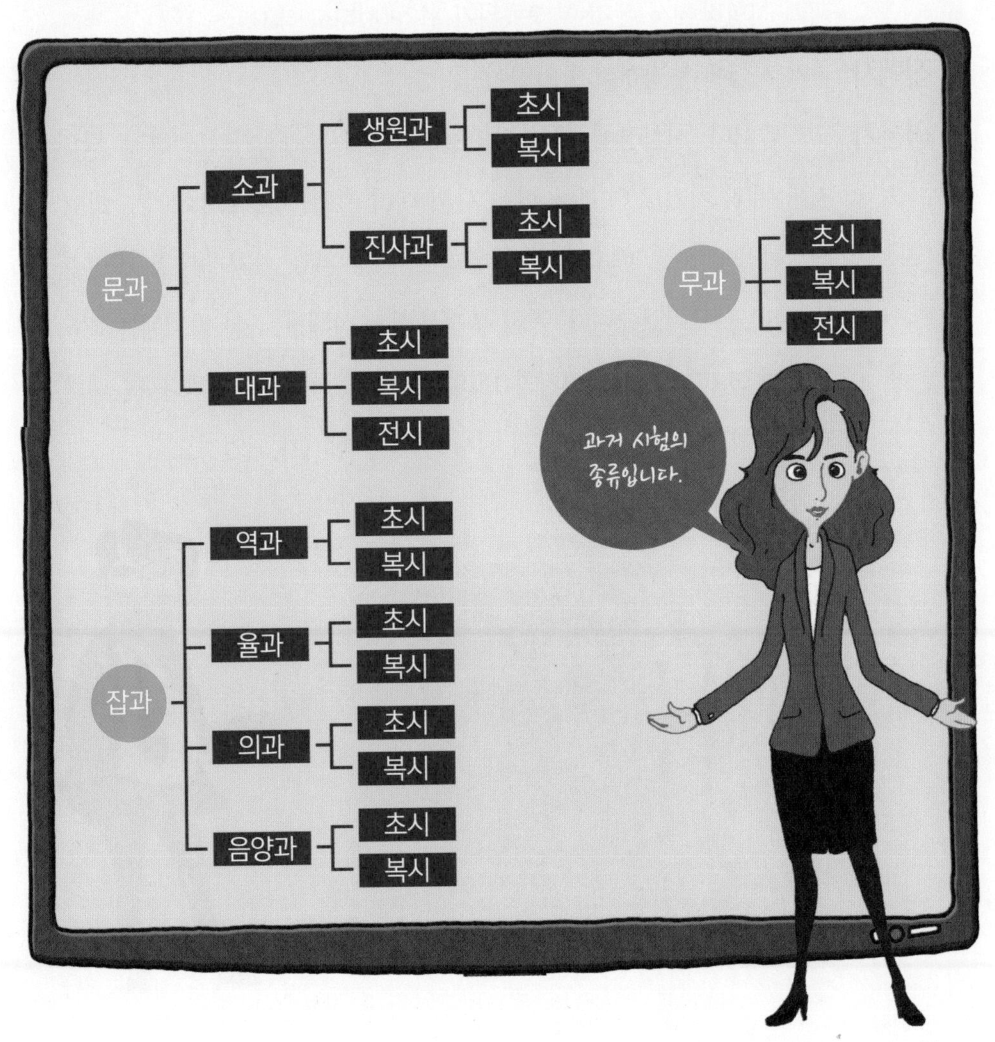

평론가 그렇습니다. 관직의 수가 적다 보니 경쟁률이 무척 높았습니다. 여북하면 조선 최고 성리학자인 퇴계 이황도 대과도 아닌 소과에 세 번씩이나 떨어졌겠어요. 그러니 지금의 고시 따위와 비교할 수 없죠.

변호사 고시 따위라뇨! 제가 합격한 사법 시험이 얼마나 어려운지 알지도 못하시면서. 아무튼 과거 시험 경쟁률이 높았던 건 사실이에요. 그래서 과거 시험장에서 온갖 부정행위가 판을 쳤다고 해요.

진행자 과거 시험에 부정행위가 있었어요?

평론가 그렇습니다. 시험장에 예상 답안을 미리 써서 가져가기도 하고, 답안지를 바꿔 치기도 하고, 사람을 사서 대리 시험을 치르게 하기도 하고, 채점관을 돈으로 매수해 성적 올리고, 참고 자료 가져가서 보고 쓰는 등 난리도 아니었습니다. 특히 부정부패가 심해진 조선 말기에는 더욱 심각했습니다. 과거 합격자가 미리 정해져 있는 경우도 허다했습니다. 과거 시험의 부정부패가 우리 역사를 바꾼 계기가 되었지요.

과거 시험 합격증
소과 합격자에게는 백패를, 대과 합격자에게는 홍패를 주었습니다.

진행자 과거 시험이 우리 역사를 바꾸다니요? 그게 무슨 말씀이시죠?

평론가 대한민국 초대 대통령 이승만 아시죠? 이승만은 열세 살 되던 해부터 과거를 보기 시작했습니다. 다섯 살에 천자문 떼고, 10대 후반에 사서삼경을 줄줄 외워서 천재 소리 듣던 이승만이었지만 열한 번 시험 봐서 열한 번 다 떨어졌습니다. 이승만이 실력이 없어서였을까요? 잘 모르겠습니다만 그보다는 고관대작의 자식 가운데 급제자를 미리 정해 놓아 웬만해선 합격하기가 어려웠기 때문일 겁니다. 결국 이승만은 과거를 포기하고 우리나라 최초의 근대식 사립 학교인 배제학당에 입학해 기독교와 신학문을 접합니다. 그것이 그에게 일생일대의 변화를 가져왔고, 근현대사 흐름에도 중요한 영향을 끼치는 계기가 되었습니다.

과거 제도는 과거의 제도일 뿐일까?

진행자 그런 일이 있었군요. 바보 같은 비유지만 이승만이 과거에 합격해 구한말 관리가 됐다면 우리 근현대사가 조금 다른 방향으로 흘러갔을 것이다, 이런 거군요. 알겠고요, 이제 정리할 시간입니다. 이러저러한 문제에도 불구하고 과거 제도의 역사적 의의가 있을 거 같아요.

평론가 과거를 보기 위해 유생들이 유교 경전과 역사서, 시 등을 허구한 날 읽고 외다 보니 유학이 발전하는 계기가 됐습니다. 또 하나는 능력 위주로 인재를 선발해 신분 이동이 가능했던 점을 들 수 있습니다.

〈평생도〉 중 삼일유가 장면, 작가 미상

과거에 급제한 사람들은 사흘 동안 광대를 앞세우고 풍악을 울리면서 일가친척과 선배를 찾아다녔습니다.

진행자 과거 제도의 한계라면 어떤 게 있을까요?

변호사 가장 큰 문제는 과거 시험이 일반 백성들에게는 그림의 떡이었다는 거죠. 백성들도 과거를 볼 수 있는 자격이 있기는 했지만 시험을 준비할 시간과 여유가 전혀 없었으니까요. 또한 아무리 똑똑해도 첩에게서 태어난 서자는 시험을 볼 수 없었어요.

진행자 과거 시험의 문제점은 더 없나요?

평론가 제가 가장 큰 문제라고 생각하는 점은 양반들이 과거 시험에만 매달려 학문이 골고루 발전하지 못한 것입니다. 이 때문에 조선이 새로운 시대를 대비하지 못했습니다. 조선 시대 교육의 목표가 과거 급제이다 보니 교육이 출세를 위한 수단으로 전락한 점도 아쉽고요.

진행자 강 변호사님, 정 교수님, 고맙습니다. 명쾌한 정리와 다양한 예를 통해서 과거 제도의 요모조모를 파악할 수 있었습니다. 세계에서 가장 치

열한 입시 경쟁에 내몰린 중고생들, 공무원이 되기 위해 몇 년씩 고시원에서 공부를 하는 젊은이들, 자식을 판사나 검사로 만들고 싶은 부모님들, 이런 모습을 보면 과거 제도는 과거에 사라진 제도가 아니라 오늘날 우리 몸속에 남아 있지 않나 하는 생각이 듭니다. 이렇게 과거 제도가 남긴 DNA는 교육을 출세의 수단으로 생각하는 부정적인 결과를 낳기도 했지만, 한편으로는 전쟁을 치른 세계 최빈국 대한민국을 지금처럼 발전시킨 원동력이라는 생각이 듭니다. 오늘 순서 모두 마치겠습니다. 함께해 주신 여러분 감사합니다.

과거 제도는 사라졌지만 과거 제도의 DNA는
우리 몸속에 남아
우리나라를 발전시킨 원동력이 되었습니다.

2 양천제

양천제란

모든 백성을 양인과 천인으로 구분한 신분 제도입니다. 조선 시대에는 양인만 과거 시험을 볼 수 있었습니다. 양인은 다시 양반, 중인, 상민으로 나누어졌고, 천인은 대부분 노비였습니다. 백정, 무당, 광대처럼 사람들이 천하게 여기는 일을 하는 사람도 천인에 속했습니다. 양반은 조선의 지배 신분으로, 관리가 되어 백성들을 다스렸으며 중인은 양반과 상민 사이에 있는 신분으로 전문 기술직이 가장 많았습니다. 상민의 대부분은 농민이었고, 상인과 수공업자도 상민에 속했습니다. 노비는 양반이나 관청에 속해서 허드렛일을 하던 신분으로, 업신여김을 받았습니다.

진행자 안녕하십니까? 우리 역사 속 법과 제도를 알아보는 《히스토리 톡톡》 시간입니다. 첫 방송이 나가고 시청자 게시판이 후끈 달아올랐습니다. '과거 제도에 대해 확실한 개념을 잡았다.'라는 의견이 가장 많았고, '과거 제도가 있는 조선 시대에 안 태어난 게 다행이다.'라는 의견도 적지 않았습니다. 이 밖에 '강혜영 변호사가 나라를 흔들 정도로 경국지색의 미모냐?' 하는 가벼운 논쟁도 벌어졌습니다. 모두 두 분 덕분이죠? 경국지색의 미모와 법 지식을 자랑하는 강혜영 변호사님, 그리고 명쾌한 역사 평론으로 정평이 나 있는 정두식 교수님, 안녕하세요?

평론가 안녕하십니까? 정두식입니다.

변호사 안녕하세요? 경국지색 변호사 강혜영입니다.

진행자 강 변호사님, 경국지색 이야기는 이제 그만하셔도 될 거 같아요. 강 변호사님이 아무리 강변한다고 경국지색이 되는 게 아니고, 시청자들께서 판단하실 문제니까요. 그럼 오늘의 주제인 신분 제도 이야기를 시작해보겠습니다. 이번에 신분 제도를 선정한 이유가 뭔가요, 정 교수님?

평론가 조선을 한마디로 말하면 유교 질서로 움직이는 신분 사회라고 말할 수 있습니다. 그래서 조선의 신분 제도를 모르고 조선을 이해하는 건

〈노상알현도〉, 김득신

불가능합니다. 그림을 보니 귀한 사람과 천한 사람으로 계급을 나누는 신분 제도는 도대체 언제 생겨난 건지 궁금하네요.

평론가 언제부터인지 딱 꼬집어 얘기할 수는 없지만 굉장히 오래전에 시작된 것은 확실합니다. 구석기와 신석기 시대에는 신분 제도가 없었던 같고요, 사유 재산이 생긴 청동기 시대부터 신분 제도가 시작된 걸로 보고 있습니다.

진행자 그렇게 말씀하시는 근거가 있나요?

변호사 제가 법 전문가니까 제가 말씀드릴게요. 중국 한나라의 역사를 기록한 《한서》 지리지에 고조선의 8조법이 소개되어 있는데, 여기에 '남의 물건을 훔친 자는 종으로 삼는다.'라는 내용이 있어요. 고조선 때 이미 신분 제도가 시작됐다는 걸 알 수 있죠. 참, 고조선이 청동기 시대 때 세워진 나라라는 것은 알고 계시죠?

진행자 물론이죠. 그런데 고조선 때부터요? 신분 제도는 정말 오래됐군요.

8조법

고조선 때에 시행한 여덟 가지의 금지 조항을 담고 있는 법률입니다. 여덟 조항 가운데 세 조항이 중국의 역사책인 《한서》 지리지를 통해 전해지고 있습니다. 즉 살인자는 죽이고, 남을 다치게 한 자는 곡물로 배상하며, 도둑질을 한 자는 종으로 삼는다는 조항이 전합니다.

그렇다면 정 교수님, 고조선 이래 신분 제도가 어떻게 변해 왔는지 대략 짚어 주시겠어요?

평론가 삼국 시대에는 귀족, 평민, 천민 신분이 있었습니다. 천민의 대부분은 노비였지요. 노비는 남종을 뜻하는 노(奴)와 여자 종을 뜻하는 비(婢)를 합쳐 부르는 말인데, 주로 범죄를 저지르거나 포로로 잡혀 오거나 빚을 갚지 못한 사람들이 노비로 전락했습니다. 삼국 시대 신분 제도의 특징을 또 하나 들라면, 신라의 골품제를 들 수 있습니다. 골품제는 혈통에 따라 성골과 진골이라는 두 개의 골과 6두품부터 1두품에 이르는 6개의 두품을 포함해 8개의 신분으로 나누고, 관직의 높낮이는 물론 혼인, 가옥의 규모, 의복의 빛깔, 마차의 장식에 이르기까지 차별을 두는 신분제입니다.

진행자 그렇군요. 삼국 시대 이후는 어땠나요? 강 변호사님.

변호사 고려 때도 귀족, 평민, 천민 신분은 그대로 이어졌어요. 다만 무신들이 난을 일으킨 무신 정변 이후에 천민이 최고 권력자가 되는 등 신분 이동이 활발해졌죠.

진행자 그렇군요. 두 분 선생님들의 설명을 들으니 머리에 쏙쏙 들어오는 거 같아요. 그럼, 지금까지 그 영향이 남아 있는 조선 시대 신분 제도의 특징에 대해서 설명해 주세요.

변호사 조선 시대에는 두 종류의 신분이 있었어요. 바로 양인과 천인이었죠. 이를 양천제라고 해요. 《경국대전》에 천인이 아닌 사람은 모두 양인이라고 규정되어 있어요.

진행자 정 교수님, 천인에 대해서 먼저 설명해 주시겠어요.

평론가 천인은 일반적으로 노비를 가리키는 말입니다. 노비는 양반이나 관청에 매어 있어서 자유가 없었고, 사람대접을 받지 못했습니다. 죄를 지어도 양반과 평민보다 더 엄한 벌을 받았고, 이사도 다니지 못했습니다. 그리고 무당, 백정, 기생, 광대, 사공, 갖바치처럼 사회적으로 천대를 받는 직업을 가진 사람들이 천인 취급을 받았습니다.

진행자 노비와 천한 직업을 가진 사람을 빼고는 모두 양인인가요?

"조선 시대는 양인과 천인으로 나누어져 있었고,
천인이 아닌 사람은 모두 양인이었습니다."

평론가 그렇습니다.

진행자 조선 시대 내내 양천제가 쭉 이어졌나요?

평론가 조선 후기까지 양천제의 기본 틀은 바뀌지 않았습니다만 양인이 양반, 중인, 상민으로 분화되었습니다. 양반은 과거에 급제해 관리가 된 사람이고, 중인은 법률·의학·수학 등의 시험을 보는 잡과 출신의 전문 기술직 관리입니다. 상민은 농민·수공업자·상인 등을 말합니다. 16세기 이후에 조선의 신분은 양반, 중인, 상민, 천민 계급으로 정착됐습니다. 그러니까 조선 시대였으면 강 변호사는 중인 계급이라고 할 수 있는 겁니다.

변호사 정 교수님, 말씀마다 중인이 어떻고 양반이 어떻고 그러시는데요, 지금이 어느 시대인데 자꾸 그런 말씀을 하시는 거죠?

평론가 하하, 말이 그렇다는 얘깁니다. 조선 시대는 '강 변호사처럼 법을 다루는 직업은 중인이었다.'라는 얘기를 하는 거지, 누가 강 변호사한테 중인이라고 했습니까?

진행자 정 교수님, 강 변호사님! 안 되겠습니다. 이 기자가 지금 조선의 양반, 중인, 상민, 천민을 취재하기 위해 조선에 가 있다고 하는데요, 함께 보시겠습니다.

현장 인터뷰
나는 양반, 너는 노비, 사람은 위아래가 있다

네, 저는 신분 제도가 엄격했던 조선 시대에 와 있습니다. 조선의 네 신분인 양반, 중인, 상민, 천민 계급을 차례차례 만나 그들의 이야기를 들어보겠습니다. 먼저 양반을 만나 보겠습니다. 마침 하인을 데리고 길을 떠나는 양반이 보이는군요? 인터뷰를 해 보겠습니다.

기 자 양반 어르신, 안녕하십니까?

양 반 에헴, 무슨 일이오. 나는 갈 길이 바쁘오.

기 자 양반이 조선에서 가장 대접받는 신분이라고 들었습니다. 양반이 되려면 어떻게 해야 합니까?

양 반 양반이 되기가 얼마나 어려운 줄 아시오. 그 어려운 과거 시험에 합격해서 관리가 되어야 한다오.

기 자 양반은 다른 신분은 누리지 못하는 여러 가지 특권이 있다고 들었습니다. 무슨 특권이 있습니까?

양 반 우리 양반들의 가장 큰 특권은 관리가 되어 임금님 모시고 나랏일을 볼 수 있는 거라오. 나랏일을 하는 대신 군대에 가지 않고, 나라에서 시행하는 공사에 나가지 않아도 된다오.

기 자 한번 양반이 되면 자손 대대로 특혜를 계속해서 받을 수 있나요?

양 반 그렇지 않소. 4대 이상 과거 급제자가 나오지 않으면 그 가문은 양반

"4대가 넘도록 과거 급제자가 나오지 않으면
양반 대접을 받을 수 없었습니다."

대접을 받을 수 없소. 그래서 자식들에게 과거 공부를 열심히 시킨다오. 난 바빠서 이만.

기 자 다음으로 저는 중인을 만나서 어떤 일을 하고, 어떤 대접을 받는지 알아보겠습니다. 마침, 저기 중인 한 분이 이쪽으로 오고 있습니다. 안녕하십니까? 중인 계급에 대해서 궁금해 하는 분들이 많습니다.

중 인 우리 중인에 대해서 무엇이 그리 궁금하다는 말이오.

기 자 중인은 전문 직업인이라고 들었습니다. 어떤 일을 하십니까?

중 인 나는 중국에서 사신이 오거나 우리나라 사신이 중국으로 갈 때 따라가서 통역하는 역관이오.

기 자 중인이 되려면 자격이 있다고 들었습니다. 중인이 되려면 어떻게 해야 합니까?

중 인 잡과에 합격해서 의술, 통역, 천문 지리, 법률 등을 담당하는 전문 기술 관료가 되어야 하오. 하지만 중인에는 전문 기술 관료만 있는 것은 아니라오. 중앙과 지방 관청에서 실무를 맡아보는 서리와 향리도 중인에 속하오. 아참, 양반의 자식 중에서 본처가 아닌 첩에게서 태어난 자식들도 중인 취급을 받소.

기 자 중인은 양반에 비해서 어떤 대접을 받습니까? 아무래도 양반보다는 좋은 대접을 못 받겠지요?

중 인 우리 중인들은 관리이지만 문과와 무과 출신보다 훨씬 못한 대우를 받소. 중인은 나랏일에 공을 세워도 높은 자리에 올라가지 못한다오. 그거참. 그것이 말이 된다고 생각하오? 우리도 전문적인 기술을 익히기까지 오랜 시간을 공부하고 수련한단 말이오.

기 자 그래도 상민보다는 좋은 대우를 받지 않습니까? 자식들에게도 대대로 직업을 물려준다고 들었습니다.

중 인 뭐, 상민보다는 훨씬 좋은 대접을 받는 것은 맞소. 나 같은 역관은 중국을 드나들면서 새로운 문물을 둘러보는 것도 좋고, 의관도 사람의 목숨을 살려 주기 때문에 존경을 받는다오. 물론 상민보다 먹고사는 것도 괜찮소. 역관 중에는 무역을 해서 돈을 잘 버는 사람도 꽤 많소. 나도 대대로 역관을 지낸 집안으로, 내 아들도 역관 공부를 시키고 있소. 난 이제 가 보겠소.

기 자 감사합니다. 다음으로 상민을 만나 보겠습니다. 저기 호미를 들고 있는 농민과 인터뷰를 해 보겠습니다. 반갑습니다. 상민 신분에 대해서 몇 가지 여쭈어보겠습니다. 상민의 대부분은 농민이라고 들었습니다.

“의관, 역관 등 전문 기술 관료는 중인입니다.”

농민 말고도 상민 대접을 받는 직업은 무엇이 있나요?

농 민 물건을 사고파는 상인, 물건을 만드는 수공업자도 상민이지요.

기 자 제가 듣기로 나라에서는 농자천하지대본이라고 하여 농민을 매우 중요하게 여긴다고 들었습니다.

상 민 글쎄요, 우리는 늘 양반에게 무시를 당한단 말이오. 말로만 농자천하지대본이라고 하면 뭐 합니까? 제대로 대접을 해 주어야지요. 우리에게는 권리는 하나도 없고, 의무만 많습니다.

기 자 상민에게는 어떤 의무가 있나요?

상 민 상민들은 나라에 세금을 내고, 군대 가서 나라를 지켜야 하고, 궁궐을 짓거나 성을 쌓을 때도 나가서 일을 해야 하오. 할 일이 너무 많아서 늘 바쁘다오. 나 같은 상민이 없다면 나라가 무너질 것이오. 난 논에 가서 일을 해야 해서 이만.

기 자 바쁘신데, 고맙습니다. 다음은 노비를 만나 천인 신분이 어떤 대접을 받았는지 알아보겠습니다. 안녕하십니까? 천인의 대부분은 노비라고 들었습니다. 노비로 태어나고 싶어서 태어난 것도 아닐 텐데, 매우 힘드시겠습니다. 노비로서 가장 힘든 점은 무엇입니까?

노 비 사람대접을 받지도 못한 처지가 가장 힘이 듭니다. 그런데 정말 견디기 힘든 점이 무엇인 줄 아십니까? 바로 내 자식도 노비가 된다는 것입니다. 내 아내는 상민인데도 그렇습니다. 우리 같은 노비는 개돼지 취급을 받습니다. 우리는 한 명, 두 명이라고도 하지 않습니다. 짐승을

“사노비는 양반집에서 온갖 일을 하는 노비이고,
공노비는 궁궐과 관청에서 허드렛일을 하는 노비입니다.”

셀 때처럼 한 구, 두 구라고 하지요. 주인들은 우리를 사고팔고, 선물로도 보냅니다. 얼마 전에 주인께서 우리 아들을 친구 집에 선물로 보냈습니다. 아내가 얼마나 울었는지…….

기 자 아이고, 아들과 생이별을 하셨군요. 심심한 위로를 전합니다. 노비가 하는 일이 정말 많다고 들었습니다.

노 비 새벽부터 밤늦게까지 쉬지 않고 일해야 합니다. 노비가 단순히 마당 쓸고 밥하는 집안일만 한다고 생각하면 대단한 오해입니다. 노비들은 주인집 농사를 짓고, 장사도 하고, 온갖 잡일까지 도맡아 합니다. 우리가 일을 하지 않으면 세상은 하루도 돌아가지 않을 것입니다.

기 자 공노비와 사노비가 있다고 들었습니다. 공노비는 무엇이고, 사노비는 무엇입니까?

노 비 노비라고 모두 같은 노비는 아닙니다. 저 같은 사노비는 양반집에서 일하는 노비입니다. 공노비는 궁궐, 관청 같은 곳에서 허드렛일을 하는 노비입니다.

기 자 네, 잘 알겠습니다. 이상으로 신분 구분이 명확한 조선에서 《히스토리 톡톡》의 노비 이 기자였습니다.

양반은 운전대, 상민은 자동차의 몸통, 천민은 바퀴

진행자 엄격한 신분 사회에서 살아가는 조선 사람들을 만나 봤는데요, 정 교수님, 조선 사회와 신분제를 어떻게 봐야 하나요?

평론가 조선은 양반부터 천민까지 각 계층의 신분이 톱니바퀴처럼 맞물려 돌아가는 사회였습니다. 가령, 양반은 관리로서 나랏일을 보고, 중인은 전문 기술자로서 실무를 맡아보고, 상민은 농산물과 물품을 생산하며 국가에 각종 세금을 바치고, 천민은 양반의 손발이 되어 조선이라는 사회가 굴러갔던 것이지요.

변호사 맞아요. 자동차에 비유하면 양반은 운전대, 상민은 자동차 몸통, 노비는 바퀴라고 할 수 있어요. 어느 하나만 없어도 자동차는 굴러가지 않겠죠.

진행자 역시 강 변호사님의 비유는 탁월한 거 같아요. 그럼 중인은 뭐에 비유할 수 있나요?

변호사 글쎄요, 통역이 없으면 외교가 안 되고, 의원이 없으면 사람들이 다 죽고, 법을 모르면 사회가 엉망진창이 될 테니까 가장 중요한 엔진에 비유할 수 있지 않을까요?

진행자 정 교수님, 조선에서는 태어날 때부터 신분이 정해져 있다고 했잖아요. 그럼 한 번 양반은 영원한 양반인가요?

평론가 꼭 그렇지는 않습니다. 양반 가문에서 벼슬을 하는 후손이 없으면 그 가문은 양반의 지위를 잃습니다. 또한 역모나 반역죄를 지으면 가족까지 노비로 전락하기도 하고요. 반대로 상민이나 노비도 양반이 될 수 있었습니다.

진행자 노비도 양반이 될 수 있다고요, 어떻게 그런 일이 가능하죠?

평론가 전쟁에 나가 공을 세워 노비 신분에서 벗어나기도 했고요, 돈을 많이 벌어서 양반 신분을 살 수도 있었습니다. 그 결과 조선 인구 절반을 차지하기도 했던 노비의 수가 조선 후기 들어 크게 줄어들었습니다. 신분 제도가 흔들린 것이죠.

진행자 그렇군요. 조선 후기에 노비의 수가 크게 줄어든 특별한 이유가 있었나요?

변호사 조선은 임진왜란과 병자호란 이후에 논밭이 황폐해지고, 인구가 줄어드니 당연히 세금이 안 걷힐 수밖에 없었죠. 그러자 조선에서는 나라 재정을 메우려고 공명첩을 남발하기 시작했어요. 공명첩은 이름이 비어 있는 관직 임명장인데, 돈 있는 농민이나 노비가 공명첩을 사면

공명첩

실제 관직은 주지 않고 명목상으로만 **벼슬**을 주던 **임명장**입니다. '공명'은 이름이 비워 있다는 뜻이고, '첩'은 임명장을 뜻합니다. 큰 전쟁으로 나라 살림이 궁핍해지자 돈이나 곡식을 바치는 사람에게 공명첩에 이름을 적어 관직을 주었습니다. 그렇지만 실질적으로는 아무런 권한이 없었습니다.

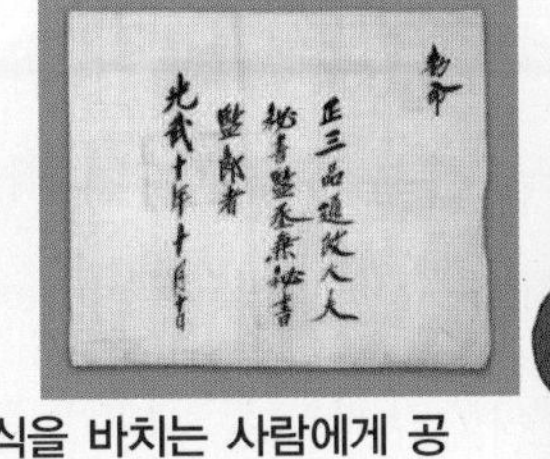

그때부터 그 사람은 양반이 되는 거예요. 그래서 양반 수가 크게 늘어나고, 노비가 줄어든 거예요. 이것을 신분제의 동요, 혹은 신분제 변화라고 하죠.

진행자 조선의 학자들은 신분 제도를 해결하고자 하는 의지가 전혀 없었나요?

평론가 아닙니다. 조선 후기 실학자들이 신분 제도를 개혁하고자 노력했습니다. 실학의 선구자로 불리는 유형원은 양반 세습을 없애고 능력에 따라 관리가 될 수 있게 하자고 제안했고, 아버지나 어머니 한쪽이 노비면 자동으로 노비가 되는 악습을 지적하며 다음과 같이 비판했습니다. '중국에도 노비가 있지만 대부분 범죄자이거나 자기 스스로 몸을 팔아 남에게 고용된 자들이다. 아비 어미가 노비라고 그 자식이 노비가 되는 법은 없다. 그런데 조선은 죄가 없어도 부모 중 한쪽이 노비면 노비가 되니 부당하다. 죄를 지어 노비가 된 자라도 그 자식까지 노비로 만드는 것 또한 부당하다.'

진행자 그렇다면 노비가 법적으로 완전히 해방된 건 언제인가요?

변호사 1801년, 순조 때 관청 소속의 공노비 제도가 폐지됐고요, 개인에 속한 사노비는 그로부터 약 100년 뒤인 1894년 갑오개혁 때 폐지됐어요. 우리 사회가 신분 평등 사회가 된 것이죠. 지금 우리 헌법에 보면 '모든 국민은 법 앞에 평등하다. 누구든지 성별 종교 또는 사회적 신분에 의하여 정치적, 경제적, 사회적, 문화적 생활의 모든 영역에 있어 차별을 받지 아니한다.'라고 명시되어 있죠.

유형원

조선 효종 때의 실학자입니다. 그는 나라를 부강하게 하려면 농업을 발전시켜야 하며 **신분 제도, 교육 제도, 군사 제도, 세금 제도** 등도 개혁해야 한다고 주장했습니다. 그의 주장은 실학자들에게 큰 영향을 미쳤습니다. 저서로는 《반계수록》이 있습니다.

진행자 신분 제도가 사라진 것이 겨우 120여 년밖에 안 지났습니다. 아직도 해결하지 못한 수많은 차별이 존재하는 것도 사실입니다. 더욱 차별 없는 사회가 되기를 바라면서 오늘 두 번째 《히스토리 톡톡》 시간을 모두 마치겠습니다. 두 분 감사합니다. 다음 시간에 뵙겠습니다.

신분 제도가 사라진 지 120여 년이 지났지만
아직도 수많은 차별이 존재합니다.
앞으로 우리 사회는 눈에 보이지 않는
차별을 없애들기 위해 노력해야겠습니다.

3
과전법

과전법이란

고려 말인 1391년에 실시한 토지 제도이자 세금 제도입니다. 고려 말에 권문세족이 지나치게 많은 땅을 소유하여 국가 재정이 궁핍해지고, 농민들의 생활이 몹시 어려워지자 이성계를 비롯한 신진 사대부들이 실시한 제도입니다. 신진 사대부들은 권문세족의 대토지를 빼앗아 관리들에게 나누어 주고, 그곳에서 세금을 걷을 수 있는 권리를 주었습니다. 과전법은 세조 때 현직 관리에게만 토지를 주는 직전법으로, 성종 때는 나라가 직접 세금을 거두어 관리들에게 나누어 주는 관수관급제로 바뀌었습니다. 관수관급제도 명종 때 폐기되고 한 달에 한 번씩 급료를 주는 녹봉제로 바뀌었습니다.

진행자 시청자 여러분, 안녕하십니까? 《히스토리 톡톡》 세 번째 시간입니다. 오늘 주제 토론에 앞서 기쁜 소식 하나 전해드리겠습니다. 지난주 저희 프로그램이 주간 시청률 2위를 기록했다는 소식입니다. 기분이 어떠세요, 강 변호사님?

변호사 와우! 기분 좋은데요.

진행자 짧은 시간에 높은 시청률을 올린 비결이 뭐라고 생각하세요?

변호사 그야, 당연히 저의 경국지색 미모에, 해박하고 정확한 역사와 법률 해설 덕분이겠죠.

진행자 역시 강 변호사님의 미모 자랑은 빠지지 않는군요. 정 교수님은 어떻게 생각하십니까?

평론가 역사적 맥락을 짚어 주는 저의 탁월한 안목과 시원시원한 돌직구 발언 덕분 아니겠습니까?

진행자 네. 뭐라 할 말이 없군요. 이번 시간부터는 세 번에 걸쳐 조선 시대의 조세 제도, 즉 세금 문제에 대해서 알아보겠습니다. 오늘은 세금 중에서 토지 제도와 관련된 전세(田稅)에 대해 이야기를 나누어 보겠습니다. 정 교수님, 조세 제도를 살펴보아야 하는 이유가 뭔가요?

평론가 나라를 운영하는 데는 세금 문제가 가장 중요하기 때문입니다. 전기나 기름이 없으면 자동차가 움직일 수 없듯, 세금 없이는 국가가 단 하루도 유지되기 어렵습니다. 그만큼 세금은 중요한 문제입니다.

진행자 정 교수님께서 세금의 중요성에 대해 말씀해 주셨는데, 국가와 세금, 세금과 개인의 관계에 대해 조금 더 풀어 주시면 좋겠어요.

조세 제도

조세는 나라에서 필요한 경비를 사용하기 위하여 백성들로부터 거두어들이는 곡식이나 돈을 말해요. 조세 제도의 기본은 조(租)·용(庸)·조(調)예요. 조(租)는 토지에 매기는 세금이고, 용(庸)은 노동력을 나라에 제공하는 세금으로, 요역, 군역 등을 말합니다. 조(調)는 모시, 베, 명주, 종이 같은 특산물을 나라에 바치는 세금입니다.

평론가 세금이 얼마나 무서운지 전해 내려오는 옛이야기가 있습니다. 어느 날, 공자가 태산을 지나다 무덤 앞에서 울고 있는 여인을 만났습니다. 여인이 울음을 그치지 않자 공자는 제자에게 무슨 사정인지 알아보라고 시켰습니다. 제자가 여인에게 물었죠. "무슨 일로 그리 슬피 우시나요?" 여인이 대답합니다. "몇 해 전 시아버지가 호랑이에 물려 세상을 떠나셨는데, 얼마 전에 남편도 호랑이한테 물려 죽었습니다. 흑흑." 제자는 고개를 갸우뚱하며 또 묻습니다. "그렇다면 호랑이가 없는 마을에 내려가 살지 왜 이런 험한 산중에 사시오?" 여인이 대답합니다. "이곳에는 가렴주구(세금을 가혹하게 거둬들이는 것)가 없으니까요." 진행자님, 이 이야기를 듣고 어떤 생각이 드십니까?

진행자 무척 가슴이 아프네요.

평론가 공자가 여인의 사정을 전해 듣고 한탄하죠. "가혹한 정치는 호랑이보다 무서운 것이구나." 여기서 가정맹어호라는 고사성어가 나왔습니다. 가혹한 정치란 탐관오리가 가혹하게 세금을 수탈하는 것이겠죠. 인류의 역사는 어쩌면 세금을 더 걷으려는 자와 덜 내려는 자가 투쟁하는 과정이라고 해도 과언이 아닐 겁니다.

진행자 그렇군요. 세금은 국가 운영을 위해 없어서는 안 되는 것이지만 국민의 삶을 힘들게 만들기도 합니다. 우리 조상들은 세금 제도를 어떻게 운영했는지 지금부터 파헤쳐 보도록 하죠. 강 변호사님, 조선 시대는 어떤 세금이 있었나요?

호랑이보다 무서운 세금

변호사 《경국대전》에 따르면 조선 시대 세금은 크게 셋인데, 그 셋이 전세, 공납, 역이에요. 먼저, 전세(田稅)는 집을 빌리면서 집주인에게 내는 전세가 아니고, 토지에서 거두는 세금을 말해요. 공납(貢納)은 지역 특산물을 세금으로 내는 것이고요, 역(役)은 국가에 노동력을 제공해야 하는 의무를 말하는데, 한마디로 몸으로 때우는 세금이죠. 예를 들면 군대 가는 군역, 성곽을 짓거나 보수하는 데 동원되는 요역을 말해요.

진행자 그렇군요. 오늘 알아볼 전세가 논밭에 부과되는 세금이니까 조선의 토지 제도는 어떤 모습이었는지 먼저 살펴봐야 할 거 같은데요, 정 교수님께서 말씀해 주시죠.

평론가 조선의 토지 제도를 이해하려면 먼저 과전법에 대해서 알아야 합니다. 과전법이 조선 건국과 함께 만들어진 토지 제도로, 전세와 밀접한 연관이 있기 때문입니다.

진행자 아, 과전법 얘기 나오니까 저의 흑역사가 떠오르네요. 고등학교 역사 시험 때 과전법이니 수조권이니 하는 문제 나오면 연필을 굴려서 번호를 찍던…….

변호사 전 잘 이해가 안 되네요. 뜻만 알아도 굉장히 쉬운데 말이에요. 진행자님, 그런 눈으로 저를 보지 마시고요, 제 설명을 한번 들어보세요. 과전이란 나라에서 관리에게 나누어 주던 토지예요. 그런데 땅의 소유권을 인정하는 것은 아니고, 그 토지에서 세금을 거둘 수 있는 권리, 즉 수조권을 받은 거예요. 어때요, 쉽죠?

진행자 참으로 쉽네요. 그래서요, 누구한테 얼마를 걷는다는 건가요?

변호사 예를 들어 볼게요. 만약 제가 사헌부 소속 관리라고 해 봐요. 그럼 저는 저한테 지급된 토지의 주인에게 수확물의 10분의 1을 거두는 거예요. 그렇게 하라고 만든 법이 바로 과전법이라는 말씀.

진행자 역시, 강 변호사님! 정말 머리에 쏙쏙 들어오네요. 이래서 시청자 게시판에 강 변호사님 팬클럽이 생겼나 봐요. 그러니까 관리가 자기에게 지급된 과전에서 수확물의 10분의 1을 녹봉으로 받았다, 이거죠.

변호사 녹봉은 아시네요?

진행자 아무렴, 제가 그것도 모르겠습니까? 녹봉은 관리에게 일 년 또는 계절 단위로 나누어 주던 쌀, 보리, 명주, 베, 돈 등을 통틀어 이르는 말이 아닙니까?

변호사 맞습니다. 그런데 진행자님, 하나는 알고 하나는 모르시는군요. 과전법에서 거두어들인 수확물과 녹봉은 별개랍니다. 그러니까 과전은 일종의 보너스라고 봐야 해요. 여기서 기억해야 할 것은 과전에서 거두어들인 수확물의 10분의 1을 세금으로 냈다는 점이에요. 이것이 대략

*"전세는 땅에 매기는 세금을,
공납은 특산물을 바치는 세금을, 역은 국가에
노동력을 제공하는 것을 말합니다."*

> *"과전법은 위화도 회군으로 권력을 잡은 이성계와 그를 지지한 신진 사대부가 실시했습니다."*

과전법의 구조라고 보면 돼요.

진행자 하하, 잘 알겠습니다. 오늘 안 것을 미리 알았다면 역사 시험을 볼 때 연필을 굴리지 않아도 됐을 텐데 말입니다. 과전법이 만들어진 역사적 배경을 아는 것도 중요할 거 같은데, 정 교수님, 어떤가요?

평론가 맞습니다. 과전법에서 거두어들이는 수확물의 양보다 과전법이 왜 만들어졌는지 역사적 맥락을 파악하는 게 중요하죠. 역사는 법조문을 달달 외우는 것처럼 공부하는 학문이 아닙니다.

진행자 아, 그렇군요. 그럼 과전법이 만들어진 배경이 무엇인가요?

평론가 고려 말에 이성계가 요동을 정벌하러 갔다가 압록강의 위화도에서 군대를 돌려 고려로 돌아와 왕을 쫓아내고 권력을 잡지 않았습니까? 이때 이성계의 위화도 회군을 적극 지지한 사람들이 정도전을 비롯한 신진 사대부였습니다. 이성계와 신진 사대부는 고려를 무너뜨리고 새 나라를 세우기 위해 당시 고려의 모든 권력을 잡고 있던 권문세족의 토지를 국가 소유로 만든 뒤에 과전법을 실시한 것입니다.

진행자 과전법을 실시하는 데 권문세족의 반발이 만만치 않았을 거 같습니다. 지금 이 기자가 과전법 시행을 앞둔 개경으로 나가 있는데요, 무슨 일이 벌어졌는지 함께 볼까요?

현장 인터뷰
불타는 권문세족의 토지 문서

저는 지금 고려 말 개경에 나와 있습니다. 지금 개경 저잣거리에는 큰 불길이 일고 있습니다. 무슨 일이 벌어지고 있는지 가까이 가 보겠습니다. 앗! 불길 속에서 종잇조각들이 활활 타고 있습니다. 그 옆에서 괴로운 얼굴로 타오르는 불길을 바라보는 공양왕과 이야기를 나눠 보겠습니다.

기 자 여기서 왜 눈물을 흘리고 계신가요?

공양왕 보면 모르겠느냐? 내 토지 문서가 불타고 있지 않느냐. 멀쩡한 고려를 개혁한다 어쩐다 하면서 이성계와 신진 사대부들이 저리 하는 것이다. 아, 저 토지는 고려 왕실 대대로 내려온 토지인데……. 이게 무슨 날벼락이란 말인가!

기 자 망해 가는 고려 왕의 울분이 커 보입니다. 이제, 다른 분을 만나 보겠습니다. 당신은 누구시기에 불처럼 이글거리는 얼굴로 불타는 종잇조각을 구경하고 있습니까?

권문세족 나, 권문세족이오. 애송이 같은 신진 사대부가 우리 권문세족의 경제 기반을 무너뜨리기 위해 우리 토지 문서를 태우고 있소. 저건 토지 문서가 불타는 것이 아니라 내 속에서 불이 나는 것이오. 하! 저것들 진짜, 내 가만두나 봐라.

기 자 더 물어보았다가는 한 대 맞을 것 같아서 더 이상 인터뷰를 진행하기

"권문세족은 고려 말의 지배 계급으로,
대농장을 경영하여 국가 재정을 궁핍하게 만들었습니다."

어렵겠습니다. 저는 권문세족 옆에서 환한 얼굴로 웃고 있는 분을 모셔서 인터뷰를 이어가도록 하겠습니다. 표정이 무척 밝습니다. 무슨 좋은 일이라도 있나요?

농 민 이제 곧 토지 개혁을 해서 우리 같은 농민이 숨을 쉴 수 있게 해 준다니 왜 안 기쁘겠소.

기 자 이전에 얼마나 힘드셨기에 그러세요?

농 민 말도 마시오. 권문세족이 우리 땅을 다 빼앗는 바람에 농민들은 송곳 하나 꽂을 땅이 없었소. 그 대신 권문세족은 대농장을 만들어 땅땅거리고 살았지요. 땅이 어찌나 넓은지 산과 강을 경계로 할 정도였소. 또 욕심은 어찌나 많은지 우리가 피땀 흘려 농사지으면 그 수확물의 반 이상을 빼앗아 갔소. 이제 이성계와 신진 사대부가 토지 개혁을 해서 땅을 농민들에게 돌려준다고 하니 정말 기쁘다오. 과전법 만세! 이성계 만……. 아, 이성계는 아직 잘 모르겠고. 여하튼 과전법이 빨리 시행됐으면 좋겠소. 나는 바빠서 이만.

기 자 이상 토지 문서가 불타는 개경에서 이 기자였습니다.

과전법은 일석삼조!

진행자 이 기자, 수고했습니다. 그럼 다시 스튜디오에서 두 분과 과전법에 대해 한 걸음 더 들어가 보겠습니다. 정 교수님, 과전법 때문에 울고 웃는 사람들을 보셨는데, 과전법이 어떤 효과를 냈나요?

평론가 과전법은 이성계와 신진 사대부들에게는 일석삼조의 효과가 있었습니다. 첫째, 최대 정적인 권문세족의 토지를 몰수함으로써 그들의 경제 기반을 무너뜨렸습니다. 이는 곧 조선 건국으로 가는 고속도로를 건설하는 효과를 냈습니다. 둘째, 농민들에게 가혹했던 세금 부담을 덜어 주어서 농민들의 지지를 얻을 수 있었습니다. 권문세족의 토지에서 일하고 50% 넘게 세금을 내느라 죽지 못해 살던 농민들이 과전법이 실시된 이후에는 생산량의 10분의 1만 관리들에게 바치고, 또 약

조선을 세운 이성계

이성계는 과전법을 실시하여 조선 건국의 발판을 마련하였습니다.

10분의 1에 해당하는 수확물만 세금으로 냈으니 얼마나 부담이 줄었습니까? 백성들이 지지에 힘입어 이성계가 고려를 무너뜨리고 조선을 세울 수 있었습니다. 셋째, 신진 사대부들은 과전을 지급받아 경제적 기반을 마련할 수 있었습니다. 이러니 누이 좋고 매부 좋고 처남까지 좋은 일석삼조였던 것이지요.

진행자 우아, 대단하군요. 그렇다면 고려 때는 토지 제도가 어떠했기에 권문세족이 엄청난 토지를 소유하게 된 것인가요?

변호사 예나 지금이나 법은 잘못이 없어요. 권문세족처럼 법을 안 지키는 인간들이 문제죠. 과전법 이전 고려에도 괜찮은 토지 제도가 있었어요. 관료에게 곡물을 거둘 수 있는 토지인 전지와 땔감을 얻을 수 있는 시지를 주는 제도였지요. 밭 전(田) 자, 땔감 시(柴) 자를 합쳐 전시과라고 한 거죠. 그럼에도 권문세족들은 이에 만족하지 않고 농민들의 토지를 강제로 빼앗아 자기 땅으로 삼는 바람에 농민들은 죽을 맛이었어요.

전시과

고려 시대에 관리와 공신, 그리고 각 관청 등에 토지 및 땔나무를 댈 임야를 나누어 주던 토지 제도입니다. 전시과는 땅을 소유할 수 있는 권리를 준 것이 아니라 그 땅에서 세금을 거둘 수 있는 권리를 준 것이지만 고려 중기에 이르러 권세 있는 집안에서는 전시과를 자신들의 소유로 삼았습니다.

진행자 그렇군요. 그럼, 이제 과전법 시행 이후 조선의 토지 제도가 어떻게 변천했는지 알아보면 좋겠어요. 정 교수님?

과전법에서 직전법으로

평론가 과전은 경기도에 있는 토지를 관료에게 지급했는데, 법적으로는 자식에게 물려줄 수 없었고, 과전을 받던 관료가 죽으면 국가에 반납해야 했습니다. 하지만 죽은 관료의 부인과 자식에게는 세습할 수 있었기 때문에 실제로는 세습이 됐습니다. 그러다 보니 과전으로 지급할 토지가 점점 부족해졌습니다. 결국 1466년에 세조는 과전법을 폐지하고 현직에 있는 관료에게만 토지를 지급하는 직전법을 실시합니다.

진행자 그러면 부족한 토지 문제가 해결이 됐겠네요?

변호사 다시 말씀드리지만 법은 아무 잘못이 없어요. 법을 지키지 않는 인간이 문제죠. 관료들은 더 이상 과전을 받을 수 없게 되자 과전을 자신들의 토지로 만들고는 농민으로부터 점점 더 많은 수확물을 거두어들였어요. 결국 성종이 나라에서 직접 토지를 관리하고 조세를 거두어 관료들에게 지급하는 관수 관급제를 실시하게 됐죠. 나라에서 직접 농민에게 조세를 거두어들여서 이를 관료에게 나누어 준 거예요. 그럼에도 관료에게 나누어 줄 토지가 점점 모자라게 되자 명종 때 결국 관료들에게 녹봉만 지급하는 제도를 만들었어요.

> *과전법은 직전법으로, 직전법에서 관수 관급제로, 관수 관급제에서 녹봉제로 바뀌었습니다.*

진행자 두 분 설명 들으니 토지 제도의 변천이 한눈에 들어오네요. 그러니까 과전법→직전법→관수 관급제→직전법 폐지, 이렇게 토지 제도가 변천해 온 거죠. 그렇다면 관료들은 불만이 높아졌겠네요. 관료들은 어떻게 대응했습니까?

평론가 직전법이 폐지되자 관료들이 수입이 줄어들게 되었습니다. 관료들은 토지를 사들이는 데 더욱 집착하게 됩니다. 그러면서 농민이 소작농으로 전락하게 되죠. 토지를 사들인 관료들은 지주가 되고, 소작농은 지주인 양반에게 수확량의 반을 바치고, 국가에 또 세금을 냅니다. 다 퍼 주고 남은 곡식으로 먹고살려니 농민들 살림이 더욱 쪼그라들

토지 매매 문서 논과 밭 등을 매매하고서 이를 증빙하기 위하여 작성한 문서입니다.

었죠.

진행자 직전법이 폐지된 뒤에는 자기 땅이 있는 농민은 농사지어 세금 내고, 자기 땅이 없는 농민은 소작을 부쳐서 지주한테 반을 바치고 나라에 세금 내고, 이렇게 살았다는 말씀이군요. 그럼, 양반들은 세금을 어떻게 냈나요?

평론가 양반은 세금 면제입니다.

진행자 대단하군요. 왜 그토록 과거에 급제하여 관료가 되려고 했는지 비로소 이해가 갑니다. 그런데 갑자기 궁금한데요, 가혹한 수탈을 피해 산속에 살다가 호랑이에게 시아버지와 남편을 잃은 여인은 어떻게 됐을까요?

변호사 아마 산속에서 살다가 자식마저 호랑이한테 물려 죽거나 마을로 내려가 세금을 뜯기며 살았겠죠. 이러나저러나 슬프기는 마찬가지죠.

진행자 정말 슬픈 추측이네요. 정리하겠습니다. 예나 지금이나 세금이 부담이지만 국가 운영에 세금은 꼭 필요하다는 점은 잊지 마시기 바랍니다. 물론 나라에서 세금을 꼭 필요한 곳에 정직하게 써야 하는 것은 당연하고요. 아, 마지막으로 중요한 정보 하나 알려 드리죠. 직전법이 폐지됐어도 농사를 짓는 농민들은 전세(田稅)라고 하는 세금을 계속 냈다는 점, 꼭 기억해 두시기 바랍니다. 세 번째 《히스토리 톡톡》을 여기서 마치겠습니다. 감사합니다.

세금 제도는 나라의 운명을 좌우할 만큼 중요하기 때문에 꼭 필요한 곳에 정직하게 써야 합니다.

4
군역

군역이란

고대부터 조선 시대까지 16세 이상 60세 이하의 양인 남자가 군대에 가야 하는 의무를 말합니다. 군대를 직접 가지 않을 때는 옷감을 냈는데, 이것을 군포라고 합니다. 그런데 관료와 과거 준비를 하는 유생, 그리고 노비는 군역을 지지 않았습니다. 농사를 짓는 상민 중에서도 군포를 물고 군대를 가지 않는 경우가 많았습니다. 결국 조선 후기에 나라에서는 군역 대신 1년에 2필씩 군포를 받아 군대를 운영했습니다. 영조 때에는 2필에서 1필로 군포를 줄였고, 흥선 대원군 때는 양반에게도 군포를 받는 호포법이 실시되었습니다.

진행자 우리 역사 속 법과 제도에 대해 알아보는 《히스토리 톡톡》 시간입니다. 오늘도 역사 평론가 정두식 교수님, 법률가이신 강혜영 변호사님 나오셨습니다. 지난 시간에는 토지와 관련된 세금인 전세에 대해서 알아봤는데요, 이번 시간에는 나라를 운영하는 데 있어서 전세 못지않게 중요한 군역에 대해 알아보겠습니다. 군역에 관한 문제이니 정 교수님께 먼저 여쭈어보겠습니다. 정 교수님, 군대 다녀오셨나요?

평론가 그럼요. 최전방 이기자 부대에서 철책 근무를 서다 육군 병장으로 제대했습니다. 제가 군대에서 생활할 때는…….

진행자 정 교수님, 잠깐만요. 지금은 교수님 군대 생활 이야기를 들으려는 건 아니고요, 군역에 대해 알아보려는 것입니다. 군대 다녀온 이야기는 친구들이랑 하시고요, 오늘은 조선 시대 군역에 집중하시죠.

평론가 흠, 알겠습니다. 《경국대전》에 따르면 16세 이상부터 60세 이하의 양인 남자라면 누구나 군대에 가야 했습니다. 이를 군역이라고 합니다. 역은 한마디로 몸으로 때우는 세금 같은 거였습니다. 지금의 병역의 의무처럼 조선 남자들의 의무였지요. 그런데 《경국대전》을 살펴보면 예외가 있었습니다. 일단 천인은 군역의 의무가 없었습니다.

진행자 그렇다면 노비 빼고는 모든 성인 남자는 군역의 의무가 있었군요.

변호사 그렇습니다. 하지만 군역을 하지 않아도 되는 경우가 또 있었습니다.

이리 빠지고 저리 빠지고, 힘없는 농민만 지던 군역의 의무

진행자 어떤 경우가 있었나요?

평론가 양인 중에서도 나랏일을 하는 현직 관료, 기술 관료인 중인, 관료가 되기 위해 공부하는 유생, 지방 관아에서 수령을 돕는 아전도 군역의 의무를 지지 않았습니다. 상민인 수공업자나 상인들은 국가를 위해 물건을 만들고 공급해야 해서 군역의 의무가 없었습니다. 그러니까 농민들만 군역의 의무가 있었다고 보면 됩니다.

진행자 이리 빠지고 저리 빠지고 농민만 군대를 가면 농민들이 억울하겠네요.

"조선 시대 농민들은 16세 이상부터 60세 이하까지 군대를 가야 했지만 양반 관료과 천인, 유생, 수공업자들은 군역을 지지 않았습니다."

농민은 평소에도 할 일이 많았을 텐데요.

평론가 조선 시대 군역은 지금의 병역 의무와 다릅니다. 지금은 일정 기간 동안 군대를 다녀오면 군대를 다시 가지 않아도 되지만 조선 시대에는 1년에 2개월 정도 군대를 다녀오고, 나머지 기간에는 농사일을 했습니다. 그러고 나서 다음 해에 가고, 그다음 해에 또 가고, 결국 60살이 될 때까지 군대를 다녀와야 했습니다.

진행자 한 번도 힘든데 수십 년 동안 군대를 들락날락했다고요? 조선 농민들의 고통이 이만저만 아니었겠네요?

평론가 그렇습니다. 곡괭이 들고 밭 갈다 군대 가서 창 들고 훈련을 받아야 했으니…….

진행자 그래서 양반들은 기를 쓰고 과거에 급제하려고 했던 거군요, 군대 안 가려고.

평론가 꼭 군역에 가지 않으려고 과거 공부를 했겠습니까? 입신양명하여 세상에 이름을 떨치고, 가문을 빛내기 위해서 과거 공부를 했겠지요.

진행자 그런데 정 교수님, 저희가 지금 군역에 대해 이야기를 나누고 있잖아요. 군역에 대해서 자세히 알아보기 전에 조선 시대 군대에 대해서도

화성을 지키는 병사들
조선 시대 군대는 크게 중앙군, 지방군, 잡색군으로 나누어져 있었습니다.

알아보고 가죠. 오늘날은 육군, 해군, 공군, 해병대, 특전사, 의경 등이 있잖아요. 조선 시대에도 군대의 종류가 많았나요?

평론가 그렇습니다. 조선 전기 때에는 크게 중앙군, 지방군, 잡색군이 있었습니다. 중앙군은 궁궐과 수도를 지키는 임무를 맡고요, 지방군은 육군과 수군으로 각 지역의 방위를 담당합니다. 잡색군은 일종의 예비군으로, 평소에는 본업에 종사하다가 전쟁이 나면 군대에 동원됩니다. 조선 시대는 특이하게도 병사를 정군과 보인으로 나누었습니다. 정군은 말 그대로 정식 군인이고요, 보인은 직접 군대에서 군복무를 하지 않는 대신 정군을 위해 베나 무명을 바치는 군인입니다.

진행자 지금도 젊은이들이 군대를 가지 않으려고 하잖아요? 조선 시대는 어땠나요?

평론가 옛날이라고 다르지 않았습니다. 돈 많은 양반들은 베를 주고 사람을 사서 자기 대신 군대를 가도록 했습니다. 이것을 대립(代立)이라고 합니다. 말 그대로 대신 세운다는 말입니다. 그러자 점점 가난한 농민만 군대를 가게 된 거죠.

진행자 오늘의 주제가 군역이다 보니 정 교수님께서 설명을 많이 해 주시네요. 그렇다면 강 변호사님, 사람을 사서 자기 대신 군대를 보내도 되는 것입니까?

백성들도 군대를 가는 대신 군포를 내기 시작하다

변호사 원칙적으로는 안 되는데, 군대가 워낙 힘들다 보니 그렇게 해서라도 군대에 가지 않으려는 편법을 쓴 거예요. 돈 좀 있는 사람들은 너도 나도 편법을 쓰니까 나라에서는 '좋다, 그러면 아예 법적으로 옷감을 받고 군대를 면제해 주겠다!'라고 방침을 정했죠. 나라에 바치는 옷감을

군포로 바치던 옷감

16세기부터는 상민들도 군포를 내면 군대를 가지 않아도 되었습니다.

군포라고 해요. 이렇게 해서 1년에 정해진 옷감을 바치고 군대를 가지 않는 제도가 생겨났어요. 너도나도 옷감을 바치고 군대를 가지 않게 되자 훈련받는 병사의 수가 크게 줄어들 수밖에 없었죠.

진행자 그럼, 전쟁이 일어났을 때 어떻게 되는 건가요?

평론가 오랜만에 좋은 질문을 해 주셨습니다. 실제로 임진왜란이 일어나서 일본이 쳐들어오자 속수무책으로 당할 수밖에 없었습니다.

진행자 임진왜란이 일어난 뒤에 조선에서는 어떤 대비를 했나요?

변호사 유성룡이 이래서는 안 되겠다 싶어 훈련도감을 설치하는데, 훈련도감은 창칼을 쓰는 살수, 활을 쏘는 사수, 조총과 화포를 쏘는 포수로 구성된 직업 군인입니다. 훈련도감에 속한 병사들은 급료를 받았죠. 지방에서는 양인과 천인을 섞어 놓은 속오군이 만들어졌고요. 시간이 흐르면서 천한 것들과 어찌 함께 군대 생활을 하느냐며 양반들이 빠지는 바람에 속오군은 천인이 가는 군대가 됐습니다.

진행자 그럼, 임진왜란 이후에 군역 제도는 어떤 변화가 있었습니까?

변호사 군포를 받고 군역을 면제해 주는 제도는 바뀌지 않았어요. 농민들은 군대에 가지 않으려고 했고, 나라에서도 군포를 받는 것을 더 좋아했어요. 전쟁으로 황폐해진 나라를 세우려면 세금을 많이 걷어야 했거든요. 오히려 조선 후기에는 관료가 아닌 양반도 군대에 가지 않게 되어서 결국 거의 모든 양반이 군대에 가지 않게 됐어요.

진행자 군포는 얼마나 내야 했나요?

변호사 군포는 군대 가야 할 나이의 남자들이 일 년에 두 필씩 내야 했어요.

집에 남자가 두 명 있으면 네 필씩, 세 명 있으면 여섯 필씩 내야 하니 무척 큰 부담이었죠. 농민의 아내가 농사일 하고 나서 밤에 몇 개월씩 베틀에 앉아 옷감을 짜야 겨우 군포를 낼 정도로요. 그렇다고 시장에서 옷감을 사서 바치려니 돈이 없고요. 그래서 농민들은 군포 때문에 큰 고통을 받았어요.

진행자 조선이라는 나라는 농자천하지대본이라 해서 농민을 제일 중요한 백성으로 여겼다더니 너무한 거 아닌가요?

변호사 다행히 조선 후기 영조 때, 일 년에 두 필씩 내던 군포를 한 필로 줄여 주는 균역법을 시행했어요. 그 덕분에 농민들의 부담이 다소 줄어들게 됐죠.

진행자 다행이네요. 영조 임금님 좀 짱인 듯. 그럼, 조선 후기 균역법이 얼마나 잘 시행됐는지 알아보기 위해 이 기자가 현장에 나가 있는데요, 제가 큰 소리로 불러 보겠습니다. 이 기자!

균역법

조선 영조 때 군역의 부담을 줄이기 위하여 만든 세금 제도입니다. 조선 후기에 돈을 내고 양반이 된 사람이 늘어나 군포를 낼 사람이 줄어들자 이를 해결하기 위해서 군포를 두 필에서 한 필로 줄였습니다. 부족한 세금은 어업세·염세·선박세 등을 징수하여 보충하였습니다.

영조 영정

평론가 이기자!

진행자 아아, 정 교수님. 갑자기 웬 경례를 하고 그러세요. 오늘 정말 이상하시네요.

평론가 아, 미안합니다. 제가 군대 있을 때 경례 구호가 '이기자'였습니다. 갑자기 구호 소리를 들으니 나도 모르게 그만…….

변호사 아유, 재미없어 정말. 손 내리시고 얼른 현장 취재나 같이 보도록 해요.

현장 인터뷰

군포 때문에 집안이 풍비박산이 나다

저는 지금 조선 시대 전라도에 있는 한 농부 집에 나와 있습니다. 지금 아낙네 한 분이 하늘이 무너질 듯 서럽게 울고 계신데요, 도대체 무슨 사연인지 알아 보겠습니다.

기　자 아주머니, 무슨 일 때문에 울고 계세요?

아낙네 망할 놈의 군포 때문이라오. 엉엉.

기　자 군포 때문이라뇨. 군포 부담이 줄어든 걸로 아는데요.

아낙네 줄면 뭐해요. 우리 집은 장정이 남편 한 사람뿐이어서 군포를 한 필만 내면 되는데, 아 글쎄 관아에서 세 필을 내라니.

기　자 아니, 왜 세 필을 내라는 건가요?

아낙네 3년 전 돌아가신 시아버지와 갓 태어난 젖먹이 아기도 군적에 올려놓고 군포를 내라는 거예요. 하도 어이가 없어서 남편이 그런 법이 어디 있냐고, 우린 못 내겠다고 하니까 소를 끌고 갔어요. 그러자 남편은 사내를 낳은 게 자기 탓이라며, 글쎄 낫으로 자기, 그러니까 뭐시냐, 거시기를 잘랐어요. 내가 하도 억울해 관아에 쳐들어가 따졌지요. 그랬더니 아전들이 나를 두들겨 패서 내쫓았어요. 이게 무슨 나라예요? 이게 나라냐고요. 엉엉.

기 자 정말 어처구니가 없군요. 너무 안타까워서 더 여쭤보기 힘들 거 같습니다. 지금 저쪽에서 한 선비가 슬픈 얼굴로 뭔가를 쓰고 있는데요, 무슨 일인지 알아보겠습니다. 지금 뭐하시는 건가요?

선 비 아낙의 기막힌 사연을 들으니 내 너무 슬프고 화가 나서 〈애절양〉이라는 시 한 수를 지었소.

기 자 실례지만 누구시죠?

선 비 나는 한때 관리로 있다가 지금 강진으로 유배를 떠나는 선비요. 백성을 끔찍이도 사랑하셨던 정조 임금께서 갑작스럽게 세상을 뜬 뒤에 일개 가문이 권력을 쥐고 흔드는 세도 정치 시대가 되면서 탐관오리들의 수탈이 극심해졌다는 이야기는 들었지만 이 정도일 줄이야. 하!

기 자 알겠습니다. 유배 가셔서 목민관이 가져야 할 올바른 태도에 관한 책을 좀 써 주셨으면 좋겠습니다. 지금까지 이 기자였습니다.

세도 정치

조선 후기에 왕의 외척 세력이 권력을 독차지하고 펼친 정치를 말합니다. 순조, 헌종, 철종 때에 안동 김씨, 풍양 조씨 등의 가문이 왕실과 혼인 관계를 맺고 부정부패를 일삼아 나라의 기강이 무너졌습니다.

죽은 사람에게도, 갓난아이에게도 물리던 무서운 세금, 군포

진행자 몇 년 전에 돌아가신 시아버지와 젖비린내 나는 아기를 군적에 올려 군포를 내게 하다니, 저는 균역법의 시행으로 농민들 부담이 줄었다고 생각했는데, 대체 왜 저런 일이 벌어진 건가요?

평론가 방금 보신 아낙네 사연은 조선 후기, 특히 정조가 돌아가신 뒤에 지방 관아 수령과 아전들이 얼마나 백성들을 가혹하게 수탈했는지를 적나라하게 보여 줍니다. 참고로 죽은 사람에게 군포를 물리는 것을 백골징포라고 합니다. 해골한테 군포를 물린다는 뜻이지요. 갓난아이에게 군포를 물리는 것은 황구첨정이라고 합니다. 황구는 어린아이를 가리키는데, 어린아이도 장정에 포함시킨다는 뜻입니다. 그때 탐관오리들은 저런 식으로 농민들을 몹시도 괴롭혔습니다.

진행자 탐관오리를 생각하니까 너무 화가 나네요. 저 같으면 군포 따위 안 내고 도망가겠어요.

평론가 참 단순한 발상이라고 아니할 수 없군요. 만약 군포를 내기 싫어서

> *죽은 사람에게 군포를 물리는 것을 백골징포,*
> *갓난아이에게 군포를 물리는 것은 황구첨정이라고 합니다.*

도망가면 어떻게 되는지 아십니까? 친척이나 이웃에게 도망간 사람 몫의 군포를 물렸습니다. 그러니 도망치기가 쉽지 않았죠.

진행자 정조가 돌아가신 뒤에 도대체 무슨 일이 벌어진 겁니까?

평론가 정조가 갑작스럽게 돌아가시고 나이 어린 임금이 즉위하자 외척 가문이 권력을 독차지했습니다. 이 가문들을 세도 가문이라고 하는데 이들은 나라를 잘 다스릴 생각을 하지 않고 뇌물을 받아 벼슬을 팔고 제 배를 불리는 데 골몰했습니다. 그러니 돈으로 벼슬을 산 탐관오리들도 수단과 방법을 가리지 않고 백성들을 쥐어짜게 된 것입니다.

진행자 나라의 기강이 무너지니 탐관오리가 날뛰었던 거군요. 조선 후기에 군역 외에 또 농민들을 힘들게 한 세금이 뭐가 있었나요?

평론가 혹시 삼정이라고 들어보셨습니까? 전정, 군정, 환정을 가리키는 말인데, 조선 후기 농민들을 도탄에 빠뜨린 세 가지 세금을 말하죠. 전정은 토지에 대한 세금이고, 군정은 군포를 받는 일, 환정은 곡식이 떨어지는 봄에 백성들에게 곡식을 꾸어 주고 가을에 이자 쳐서 거둬들이는 걸 말하는데, 환곡이라고도 합니다. 조선 후기에는 이 세 가지

"삼정의 문란은 조선의 세금 제도인 전정, 군정, 환정의 운영이 어지러워져 부정부패가 심해진 것을 말합니다."

임술 민란

조선 철종 때인 1862년에 **진주**에서 시작되어 전국으로 퍼진 **민란**입니다. 탐관오리들의 횡포와 착취가 심해지자 농민들이 진주에서 봉기를 일으켰습니다. 그 뒤 전국으로 민란이 퍼져나 갔습니다. 나라에서는 임술 민란 이후에 **삼정 문란**을 바로잡고자 했으나 실패했습니다.

세금을 너무 가혹하게 거두어들여서 삼정이 문란해졌다고 합니다. 이것을 삼정의 문란이라고 합니다.

진행자 그럼 도대체 농민들은 어떻게 살라는 겁니까?

평론가 삼정의 문란이 심해지자 농민들도 가만있지 않았죠. 1862년에 경상도 진주에서 농민들이 들고일어났습니다. 관아를 습격해 탐관오리를 처단하고, 창고 부수고, 곡식 나누어 주고. 그때가 임술년이어서 임술 민란, 혹은 임술 봉기라고 부릅니다. 임술 민란의 불길이 경상도에서 전라도 충청도로 번지자 나라에서 어이쿠 하며 농민들 요구를 들어주겠다고 하고는 주동자를 잡아다 처형했습니다. 그렇게 임술 봉기는 진압되었습니다.

진행자 그러면 임술 봉기 이후에 삼정의 문란이 줄어들었습니까?

평론가 나라에서는 관리들의 부정부패를 조사한다고 중앙 관료들을 지방에 내려보냈지만 임시방편이었습니다. 환곡은 폐지하고 토지세를 걷겠다고 했지만 말뿐이었습니다. 양반들은 자신들에게 불리한 개혁을 받아들이지 않았습니다.

균역의 의무는 공정하고 평등하게

진행자 조선 후기, 탐관오리들의 수탈과 백성들의 저항의 역사가 그렇게 흘러가는군요. 말씀 잘 들었습니다. 강 변호사님, 오늘 군역 이야기 어떻게 보셨나요?

변호사 저는 현장 취재에서 이 기자가 인터뷰한 아주머니가 정말 불쌍하단 생각이 들어요. 세금 문제와 군대 문제는 공정해야 해요. 그래야 백성들이 국가를 믿고 세금도 내고, 군대도 가지 않겠어요. 오늘날의 정치인들이 꼭 알아두어야 할 이야기예요.

대한민국 육군 오늘날에도 성인 남자들은 국방의 의무가 있습니다.

진행자 그렇군요. 오늘은 조선의 양인 남자들이 부담해야 하는 군역에 대해 알아보았습니다. 16세 이상 60세 이하 양인 남자라면 군대에 가야 했지만 양반들은 이렇게 저렇게 빠지고 결국 농민들이 주로 군역을 담당했다는 사실을 알았고요, 영조 때 균역법을 통해 군포를 절반으로 줄여 준 이야기도 나누어 보았습니다. 오늘날은 대통령의 아들이든, 장관의 아들이든, 재벌의 아들이든, 농민의 아들이든, 노동자의 아들이든 국방의 의무를 집니다. 그러나 가끔 이해할 수 없는 병을 핑계로 군대에 가지 않는 소위 사회 지도층의 아들들이 있는데, 그러면 곤란하겠죠? 오늘 나와 주신 두 분 고맙습니다. 다음 시간에 뵙겠습니다.

조선 시대 군역은 원래 16세 이상 60세 이하의
양인 남자라면 누구나 져야 하는 의무였지만
사회 지배층인 양반은 지지 않았습니다.

5
공납

공납이란

지방의 특산물을 조정에 바치던 세금 제도입니다. 중앙에서 지방 관아에 그 지방이 내야 할 특산물의 종류와 수량을 정해 내려 보내면 지방 관아에서 백성들에게 거두어 중앙으로 올려 보냈습니다. 그런데 중앙에서 품목과 수량을 정했기 때문에 지방의 상황에 맞지 않는 경우도 많았고, 특산물을 거두는 관리들이 농간을 부려 백성들은 공납 때문에 큰 고통을 받았습니다. 이러한 문제를 개선하려고 특산물 대신 쌀을 바치는 대동법이 실시되었습니다.

진행자 여러분 안녕하십니까? 《히스토리 톡톡》 시간입니다. 스튜디오에 들어오기 전에 시청자 게시판을 잠깐 봤는데, 우리 프로그램의 반응이 무척 뜨겁더군요. 이분들 덕분이겠죠? 역사 평론가 정두식 교수님, 법률 전문가 강혜영 변호사님 나오셨습니다. 안녕하십니까? 이번 시간에는 조선 시대 백성들이 지역 특산물을 세금으로 바치던 공납에 대해 알아보겠습니다. 정 교수님, 이번 주제를 공납으로 정한 특별한 이유라도 있나요?

평론가 지난 대통령 선거에서 대통령 후보자들은 적폐 청산과 민생 안정을 공약으로 내세웠습니다. 적폐 청산은 오랫동안 쌓이고 쌓인 폐단을 없애는 것이고, 민생 안정은 경제를 살려 국민들이 먹고살 걱정없이 안정적인 삶을 살도록 하는 것이죠. 나라가 발전하려면 꼭 해결해야 할 과제입니다. 적폐 청산과 민생 안정은 조선 시대에도 무척 중요한 과제였는데, 이 두 가지 과제를 동시에 해결할 수 있는 게 바로 공납을 손보는 것이었죠.

진행자 공납의 문제를 해결해 적폐 청산과 민생 안정을 꾀한다는 의미 같은데요, 공납이 그렇게 중요한 문제였나요?

평론가 그렇습니다. 지역 특산물을 바치는 공납은 백성들을 가장 힘들게 하는 적폐였고요, 이 문제를 해결하지 않고는 민생 안정을 이루기 어려웠습니다.

진행자 공납의 폐단이 무엇인지 알아보기 전에 공납이 어떤 제도인지 알아보겠습니다. 강 변호사님, 공납에 대해서 자세히 설명해 주실래요.

공납으로 바치던 한지 공물은 한지를 비롯해 수백 가지가 넘었습니다.

변호사 공납은 궁궐과 중앙 관청에서 쓸 물품을 각 지방의 특산물로 받는 세금이에요. 참, 공납으로 바치는 특산물을 공물이라고 하는 것은 아시죠? 공납은 통일 신라 때부터 있었는데, 고려 때부터는 각 지방이 내야 할 특산물의 종류와 수량을 정해 공물을 거두었어요. 조선 시대에도 전국적으로 공납을 시행했는데, 중앙 정부가 지방 관아에 공물의 종류와 수량을 정해 내려보내면 지방 관아에서는 부과된 공물을 백성들에게 거두어 중앙 관청에 바쳤어요. 공물의 종류는 과일, 수산물, 동물 가죽, 수공업 제품 등으로 수백 가지가 넘었죠.

고을 수령과 방납업자의 농간으로 고통받는 백성

진행자 알겠습니다. 정 교수님, 조선 시대 백성들이 내는 세금에는 토지에 부과되는 전세, 나라가 벌이는 공사에 동원되는 요역, 군대에 가야 하는 군역도 있는데, 지역 특산물을 바치는 공납이 백성들을 가장 힘들게 한 이유가 무엇인가요?

평론가 예를 들어보겠습니다. 바닷가 마을에 사는 백성들에게 생선을 공물로 바치라고 하면 어떨까요? 아무 문제없겠죠. 어부들이 바다에 나가 물고기를 잡아다 바치면 되니까요. 그런데 바닷가 마을에 사는 백성들에게 경기도 가평에서 많이 나는 잣을 공물로 바치라고 하면 어떻게 될까요?

> “나라에 바칠 공물을 구하지 못한 백성들은
> 방납업자에게서 비싼 값을 주고 공물을 구해
> 나라에 바쳐야 했습니다.”

진행자 글쎄요, 구하기 어려웠겠죠. 바닷가에 잣나무가 많지 않을 테니까요.

평론가 맞습니다. 바닷가 마을 백성들은 '뭐 이런 잣 같은 공납이 다 있어.' 이러면서 화를 낼 겁니다. 공납은 원래 지역 특산물을 바치는 것이었는데, 중앙 정부에서 일방적으로 특산물의 종류와 수량을 정해서 내려 보내다 보니 지역 상황과 맞지 않게 되었기 때문입니다.

진행자 그렇겠네요. 그럼, 바닷가 마을 백성들이 잣을 구하지 못하면 어떻게 해야 하는 겁니까?

평론가 방납업자한테 잣을 사서 바쳐야 합니다.

진행자 방납업자가 누군데요?

평론가 백성들이 구하지 못하는 공물을 대신 구해다 주고 돈을 받는 중간 상인입니다.

진행자 그럼, 백성들이 방납업자에게 돈 주고 사다가 바치면 아무런 문제없는 거 아닙니까?

평론가 그게 말처럼 쉽지 않습니다. 방납업자가 양심적이지 않기 때문입니다. 예를 들어, 농사짓는 개똥이 아버지가 공물로 바칠 생선을 방납업자에게 사려면 생선 한 마리에 쌀 열 말을 내야 하는 식으로 웃돈을 많이 챙겨 받았습니다. 이문을 적당히 보면 되는데, 그런 양심 있는 방납업자는 많지 않았습니다.

진행자 정말 황당하군요. 그래서 공납이 조선 백성들을 가장 고통스럽게 했다는 거군요.

평론가 이제야 이해를 하셨군요. 하지만 문제는 또 있습니다. 고을 수령과 방납업자가 짜고 농민들에게 방납업자의 물건을 사도록 강요하는 경우도 많았습니다. 그렇게 하지 않으면 수령이 공물에 퇴짜를 놓고 받아주질 않는 거예요. 그러니 농민들은 울며 고추냉이 먹기로 비싼 값을 주고 방납업자에게 물건을 사서 공물을 바쳐야 했죠.

진행자 백성들이 공물을 구하지 못할 때는 방납업자에게 물건을 사서 공물을 바치는데, 그 가격이 어마어마해서 농민들 부담이 엄청 컸다, 이 말씀이군요. 그렇다면 공물을 바치지 않고 도망가면 안 되나요?

변호사 아이 참, 진행자님은 왜 그렇게 단순하세요. 지난 시간에 군포 안 낸다고 관아에서 소를 끌고 가는 바람에 화가 나서 자기, 아이 참, 자기 거시기를 자른 농민의 사연을 보셨잖아요. 그때도 진행자께서 '저 같으면 군포 따위 안 내고 도망가겠어요.'라고 그러시더니. 물론 도망가는 사람도 적지 않았지요. 그러면 이웃 사람들이 도망간 사람 몫까지 부담해야 했어요. 견딜 때까지 견디다 더 이상 견디지 못하면 마을 주민들이 한꺼번에 마을을 떠나 산으로 도망치기도 했죠.

진행자 너무 안타깝네요. 공납하느라 힘들고, 방납업자에 바가지 써서 힘들고, 도망도 못 가고, 도대체 조선 백성들은 어떻게 살라는 거예요. 공

대동법

조선 시대에 **공물**을 **쌀**로 통일하여 바치게 한 세금 제도입니다. **방납**의 폐해를 시정하기 위하여 실시되었는데, 광해군 때인 1608년에 경기 지역부터 실시했습니다. 대동법은 숙종 때인 1708년에 전국적으로 시행됐으며 지역에 따라 쌀 대신에 옷감을 거두기도 했습니다.

납이 민생 안정을 깨트리는 적폐 중에 적폐라는 것이 이해가 가네요. 그래도 공납의 폐해를 줄이기 위해 노력을 하기는 했겠죠?

평론가 그렇고말고요. 조선에서는 대동법을 시행했습니다.

지역 특산물 대신 쌀을 바치는 대동법이 시행되다

진행자 대동법은 어떤 법인가요?

평론가 지역 특산물로 바치던 공물을 쌀로 내게 한 획기적인 세금 제도입니다.

진행자 지역 특산물 대신 쌀로 낸다, 그것이 무슨 획기적인 제도예요? 특산물이든 쌀이든 백성들은 어차피 큰 부담이지 않습니까?

변호사 그건 아니에요. 공납은 각 호구(가정)에 세금을 부과하는 방식이었는데, 대동법은 토지 소유자에게 세금을 물렸어요. 그러니 토지가 많은 양반 지주는 세금을 많이 내게 되고, 토지가 없는 농민은 세금을 내지 않게 된 거예요.

진행자 오, 그렇군요. 세금은 어떻게든 내지 않으려는 조선의 양반들이 받아들였다니 신기하네요.

평론가 그만한 이유가 있었습니다. 대동법이 시행된 것이 임진왜란이 끝난 뒤입니다. 임진왜란은 아시죠? 일본군이 쳐들어와 조선을 쑥대밭으로 만들어 놓은 전쟁. 임진왜란 이후에 국가 재정과 국민들의 삶이 파탄 날 지경에 이르렀습니다. 그래서 나라에서는 백성들을 가장 힘들게 했던 공납을 대동법으로 바꾼 겁니다. 대동법으로 백성들의 세금 부담도 줄고, 토지를 가진 지주들에게 세금을 받아 국가 경제를 튼튼히 하게 되었습니다.

진행자 그러니까 대동법은 농민의 부담을 줄여 주고, 국가 재정을 늘리고, 땅땅거리는 양반 지주에게 세금을 거둬들이는 일석삼조 정책이었군요. 대동법은 언제부터 시행됐나요?

평론가 앞에서 말씀드렸듯이 임진왜란 뒤인 1608년에 경기도에서 시범적으로 시행되기 시작해 1708년에 전국적으로 완료됐습니다.

“1608년에 경기도에서 처음 시행된 대동법은
1708년에 이르러 전국으로 확대되었습니다.”

진행자 세금 제도 하나 개혁하는데 100년이 걸렸다고요? 저는 대동법 내용보다 그게 더 신기하네요. 대동법이 왜 100년이나 걸려서 완성됐는지 현장에 나가 있는 이 기자를 불러서 알아보겠습니다. 교수님이 또 이 기자, 이러면서 경례하실까 봐 작게 불러보겠습니다. 이 기자! 나와 주세요.

현장 인터뷰
농민의 부담은 줄이고, 국가 재정은 늘리고

저는 대동법이 시행되고 있는 경상도의 한 고을에 나와 있습니다. 지금 풍악이 울려 퍼지는 가운데 흥겨운 잔치가 벌어지고 있습니다. 무슨 좋은 일이 있는 것일까요? 고을 주민 한 분과 이야기를 나눠 보겠습니다.

기 자 지금 뭐 하시는 건가요?

주 민 우리 경상도에서도 올해부터 대동법이 시행돼서 너무 기뻐 마을 잔치를 벌이는 중입니다.

기 자 대동법이 그렇게 좋으세요?

주 민 좋다마다요. 대동법 시행 전에는 공납을 바치느라 생고생을 했는데, 이제 특산물 대신 쌀로, 그것도 아주 적은 양을 내게 됐으니 기쁘기 그지 없지요.

기 자 공납 때문에 어떤 고생을 하셨기에 그러세요?

주 민 말도 마세요. 매년 겨울마다 공물로 바칠 꿩 사냥하느라 무진장 애먹었습니다. 꿩을 못 잡는 해에는 방납업자한테 꿩을 구하느라 쌀을 바가지로 퍼다 주어야 했어요. 공물 때문에 고생한 거 말도 못해요. 그런데 대동법으로 토지가 없는 나는 아예 쌀을 내지 않아도 되었으니 얼마나 좋은지 모릅니다. 에헤라디여~.

기 자 관리들의 농간이 심했다고 들었습니다. 실제로 어느 정도였나요?

주 민 말로 마십시오. 몇 해 전에 제가 꿩을 잡아다 공물로 바쳤는데, 받아 주지 않는 겁니다. 꿩이 작다면서요. 그래서 몇날 며칠을 산에 가서 다른 꿩을 잡아 바쳤는데도 이 핑계 저 핑계 대면서 또 안 받아 주는 겁니다. 알고 봤더니 수령이 방납업자에게 뇌물을 받아서 방납업자가 판 꿩만 받아 주더라고요. 나도 울며 겨자 먹기로 방납업자에게서 꿩을 비싼 값에 사서 바쳤더니 그제야 받아 줍디다. 나쁜 놈들 같으니라고.

기 자 그렇군요. 그런데 흥겨운 잔칫날 송충이 씹은 표정으로 눈꼬리가 올라간 분이 보이는데, 저 양반은 왜 저러고 있는지 물어보겠습니다. 어르신은 왜 화가 난 표정이신가요?

양 반 보고도 모르겠나, 공물을 지역 특산물 대신 쌀로 바치게 하는 대동법 때문이 아닌가. 에잇!

기 자 대동법 시행 때문이라고요.

양 반 저기 아랫것들한테나 좋지, 나 같은 땅 부자는 세금 폭탄일세. 어떻게든 막았어야 하는데 조선 팔도로 확대되고 있으니 땅 부자들은 어떻게 살라는 건지. 땅 많은 게 무슨 죄도 아니고. 참나.

기 자 대동법이 누구에게나 다 환영받는 제도는 아니었습니다. 다만 확실한 건 가난한 백성들에게 구세주 같은 법이었다는 사실입니다. 이상 이기자였습니다.

대동법 시행을 반대하는 양반 지주와 방납업자

진행자 대동법이 경기도에서 처음 시행된 것이 1608년이었는데, 1651년에는 충청도에서, 1708년에는 황해도에서 시행되었네요. 대동법 시행은 자그마치 100년이나 걸렸습니다. 정 교수님, 대동법이 전국적으로 시행되는 데 100년이나 걸린 이유가 양반 지주들이 반대했기 때문인가요?

평론가 그렇다고 봐야지요. 토지를 많이 가진 양반들은 일치단결하여 반대했고요, 방납을 통해 이득을 취하던 방납업자들도 결사항전으로 반대했습니다. 그런 반대에도 불구하고 100년 만에 제도가 완성됐기 때문에 대동법을 조선 최고의 개혁이라고 하는 것입니다.

진행자 양반 지주들과 방납업자들의 반대에도 불구하고 대동법이 시행될 수 있었던 이유가 있나요?

평론가 방납의 폐해를 줄이기 위해 율곡 이이를 비롯한 여러 관료들이 대동법을 시행하자고 주장했습니다. 그러나 대동법이 전국적으로 시행되는 데는 이분이 없었다면 힘들었을 겁니다.

진행자 그분이 누군데요?

평론가 대동법 전도사 김육입니다.

진행자 그래요? 그럼 김육 선생님을 스튜디오에 모셔서 대동법 이야기를 들어봐야겠네요.

김육

대동법 시행에 일생을 바친 조선의 문신입니다. 광해군 때 성균관에서 쫓겨나 10년 동안 농촌에 살면서 백성들의 생활을 체험했습니다. 광해군이 쫓겨난 뒤 과거에 합격해 여러 벼슬을 지냈습니다. 공납의 폐해를 줄이기 위해 대동법의 실시를 주장하여 효종 때에 대동법을 실시하는 데 큰 공헌을 했습니다.

김육 인터뷰

대동법 시행에 일생을 바친 조선의 개혁가

진행자 대감님, 어서 오십시오.

김 육 반갑습니다.

진행자 방금 정 교수께서 대동법을 조선 최고의 개혁이다, 이렇게 평가해 주셨어요. 그러면서 대동법은 대감님이 아니었으면 완성되기 힘들었을 거라고 하셨는데요, 대감님께서 대동법을 그토록 강력하게 추진하셨던 이유가 뭔가요?

김 육 조선은 임진왜란과 병자호란으로 큰 고통을 겪었소. 가장 큰 고통을 당하는 게 누굽니까? 바로 힘없는 백성들이지요. 두 차례의 큰 전쟁으로 토지는 황폐해지고, 수확물은 줄었는데도 백성들은 공납으로 더욱 큰 고통을 받았소. 나는 공납 적폐를 청산하지 못하면 백성들은 다 죽는다, 이런 생각이 들어 대동법을 시행해야 한다고 임금님께 주구장창 주장했소이다.

진행자 그러셨군요. 고생 많으셨습니다. 대동법 시행 과정을 구체적으로 말씀해 주시겠습니까?

김 육 광해군 때인 1608년에 경기도에서 처음 시행되었는데, 1636년에 병자호란까지 겪고 나자 백성들은 너무나 큰 고통을 겪어야 했소. 그래서 나는 대동법을 충청도로 확대해야 한다고 효종 임금님께 건의하였고, 그 후 전라도에도 대동법을 시행해야 한다고 주장했소.

진행자 다른 관리도 많았는데, 대감님께서 특별히 백성들의 고통을 헤아리시게 된 계기가 있나요?

김 육 나는 성균관 유생 시절에 광해군을 비판했다가 성균관에서 쫓겨나 경기도 가평의 잠곡에서 10여 년 동안 농부로 살았소. 그때 직접 농사도 짓고, 산에서 숯을 구워 밤새 한양까지 걸어와 동대문 새벽 장에 내다 팔기도 했다오. 그때 내가 몸소 겪은 농부의 삶이란 정말 비참했소이다. 농사 지어 세금으로 다 뜯기고, 공물 바치느라 고생하고. 그때 난 결심했소. '백성을 살려야 한다!'라고.

진행자 그러셨군요. 대감님께서 살아생전에 대동법이 완성하는 걸 못 보셨는데 아쉬움은 없나요?

김 육 대동법 완성을 못 보고 죽은 게 아쉽긴 하오. 죽기 열흘 전에 효종 임금께 대동법을 계속 확대하여 시행하시도록 요청하는 편지를 보냈고, 하루 전에는 영의정 대감께 편지를 보내 임금께서 대동법을 잘 시행하시도록 도우라는 유언을 남겼소. 그 뒤에 소원이 이루어져 대동법이 전국적으로 시행됐다고 하니 기쁘기 한량없소.

진행자 그러시군요. 대감님께서 세상을 떠나시자 충청도 백성들이 십시일반 돈을 걷어 '대동법을 만든 김육의 공을 만세에도 잊지 말자.'라는 글귀를 새겨 대동법 기념비를 세운 건 알고 계시나요?

김 육 하늘에서 봤소이다.

진행자 대동법을 강력하게 추진하셔서 조선 백성들 민생을 안정시키는 데 큰 도움을 주신 대감님께 다시 한 번 감사드리고요, 먼 곳까지 나와 주셔서 고맙습니다.

김 육 불러 주어서 고맙소.

대동법으로 적폐 청산과 민생 안정 두 마리 토끼 잡아

진행자 지금까지 대동법 전도사 김육 대감님을 모시고 말씀 나누었습니다. 이제 정리해 볼까요? 강 변호사님, 공납과 대동법의 시행을 세 마디로 정리해 주실래요?

변호사 지역 특산물로 세금 내는 걸 공납이라고 한다. 공납을 대신 납부하는 걸 방납이라고 하는데, 방납을 하던 중간 상인을 방납업자라고 한다. 방납에 따른 농민들 피해를 없애고자 지역 특산물 대신 쌀로 공물을 내게 한 제도가 대동법이다. 오케이?

진행자 역시, 강 변호님은 정리의 달인이세요. 정 교수님, 마지막으로 대동법의 의의에 대해 한 말씀만 해주세요.

평론가 강 변호사는 세 마디인데, 왜 저는 한 말씀입니까?

진행자 정 교수님, 지금 개그하신 거죠? 알겠습니다. 세 마디 해 주세요.

평론가 첫째, 대동법은 백성들의 세금 부담을 현격하게 줄여 민생을 안정시킨 법이었다. 둘째, 무수한 반대에도 불구하고 100년 동안 중단 없이 밀어붙인 조선 최고의 개혁이었다. 셋째, 대동법 시행 결과 궁중과 관청에서 필요한 물건을 직접 구매하게 되면서 수공업과 상업 발달을 촉진시킨 경제 활성화 정책이었다. 오케이?

진행자 우리 정 교수님, 따라쟁이 같으세요. 오케이, 이런 거 따라하시는 거 보면요. 대동법은 적폐 중에 적폐인 공납의 폐단을 없애 민생의 안정을 꾀하고, 경제 활성화를 불러일으킨 조선 최고의 개혁이다, 이렇게 정리할 수 있을 거 같습니다. 이 시대의 대동법은 뭘까요? 대다수 서민들이 환영하고, 부와 권력을 쥔 사람들이 반대하는 정책이 있다면 그것이 바로 21세기 대동법이 아닐까 생각합니다. 《히스토리 톡톡》을 마치겠습니다.

공납을 폐지하고, 실시한 대동법은
백성들의 고통을 덜어 주어 생활의 안정을 꾀하고,
조선의 상업을 발전시킨 조선 최고의 개혁이었습니다.

6
분경 금지법

분경 금지법이란

조선 시대 때 하급 관리가 상급 관리의 집을 방문하지 못하도록 만든 청탁 금지법입니다. 분경은 벼슬을 얻기 위하여 상급 관리의 집에 드나드는 것을 말합니다. 정종은 분경을 금지하라는 명령을, 태종은 삼군부는 무신의 집, 사헌부는 정권을 잡은 자의 집에 대한 분경을 감시하라는 명령을 내렸습니다. 《경국대전》에는 벼슬을 얻기 위해 상급 관리의 집을 방문하는 자는 곤장 100대의 형을 가하여 3,000리 밖으로 유배한다고 되어 있습니다.

진행자 시청자 여러분 안녕하십니까? 여섯 번째 《히스토리 톡톡》 시간입니다. 오늘도 재미있는 법률과 제도의 역사를 들려주시는 두 분을 모셨습니다. 역사 평론가 정두식 교수님, 법률 전문가 강혜영 변호사님입니다. 두 분 그동안 안녕하셨습니까?

평론가 안녕하십니까?

변호사 안녕하세요?

진행자 오늘의 주제는 조선의 관리들이 뇌물받는 것을 방지하기 위해 만든 법, 분경 금지법입니다. 정 교수님, 오늘 배울 분경 금지법이란 말이 좀

> *분경 금지법은 권력자에게 뇌물을 바치고 관직을 얻는 것을 말합니다.*

낯설고 어렵네요. 먼저 분경이 무엇인지 설명해 주세요.

평론가 분경이란 분추경리의 줄임말로, 분주히 쫓아다니며 이익을 추구한다는 뜻입니다. 쉽게 말해 벼슬을 얻기 위해 권력자의 집에 분주히 드나드는 걸 말하는 것입니다. 그러니까 분경 금지법이란 관직을 얻기 위해 뇌물을 들고 권력자의 집에 드나드는 걸 금지하는 법이란 뜻이지요.

진행자 옛날에도 뇌물을 바치고 관직을 청탁하는 일이 많았나 봅니다. 어느 정도였나요?

평론가 어느 날, 세종이 신하들한테 이런 말을 합니다. '고려는 뇌물 때문에 망했다.' 이 한마디로 설명할 수 있을 것 같습니다.

변호사 조선 시대를 연구한 한 학자는 '조선은 뇌물 천하였다.'고 말했어요. 더 이상 말이 필요 없겠죠?

조선의 최대 골칫거리 뇌물을 금지하라!

평론가 조선은 뇌물죄를 엄히 다스렸고 부정 청탁을 방지하기 위해 부단히 노력한 사회였습니다. 강 변호사님, 조선의 한 부분만 보고 조선이 뇌물

천하였다고 단정하는 건 올바른 태도가 아니라고 생각합니다.

변호사 제가 언제 없는 사실을 말했나요? 역사적 사실을 말한 건데.

진행자 초반부터 불꽃이 튀네요. 두 분 흥분 좀 가라앉히시고요. 정 교수님, 분경 금지법은 언제 만들어졌나요?

평론가 세종이 고려는 뇌물 때문에 망했다고 할 정도로 뇌물은 고려 사회의 큰 문제였습니다. 그래서 조선을 세운 태조 이성계는 왕위에 즉위하면서 신하들이 뇌물을 주고받는 일을 강력히 금지했습니다. 태조의 뒤를 이어 왕이 된 정종은 아예 뇌물을 주고받을 수 없도록 하급 관리가 상급 관리를 찾아다니는 분경을 금지하는 명령을 내렸습니다. 태종 때는 분경을 더욱 강하게 단속했죠. 그러다가 성종 때는 아예 분경 금지법을 제정하여 《경국대전》에 실었습니다.

진행자 그렇다면 《경국대전》에 나와 있는 분경 금지법의 내용을 자세히 소개해 주시죠, 강 변호사님.

조선 시대 화폐, 상평통보

조선 시대에는 부정 청탁을 막기 위해 노력한 사회였습니다.

변호사 요약하자면 이래요. '관리의 채용, 인사 발령, 승진 등을 담당하는 이조와 병조의 판서나 참판 또는 고위 장수, 사헌부 관리의 집에는 같은 성씨일 경우에는 8촌, 다른 성씨일 경우에는 6촌 이내 친척, 사돈과 이웃 등을 제외한 사람들이 드나드는 걸 금지한다.'

진행자 상당히 구체적이군요. 그럼 만약에 제가 이조 판서이고, 변호사님이 저와 외사촌이라면 강 변호사님이 이조 판서인 저희 집에 드나들면 어떻게 되나요?

변호사 성이 다르고 촌수가 6촌 이내에 속하니까 괜찮아요. 가까운 친척끼리 왕래하는 것까지 금지하지는 않았지요.

진행자 아하, 그렇군요. 그럼, 만약 분경 금지법을 어긴 사람은 어떻게 되는 거예요?

변호사 곤장을 100대 맞고, 3,000리 밖으로 유배를 가야 해요. 사실 곤장 100대를 맞으면 살아남기 힘들고요, 거기에 멀리 귀양까지 보낸다는 건 거의 죽으란 소리죠. 사형 다음으로 무거운 처벌이라고 보면 돼요. 분경 금지법에 비하면 지금의 뇌물죄는 너무 약해요.

진행자 정 교수님, 조선에서는 누가, 왜 뇌물을 준 건가요?

평론가 주로 지방 고을 수령들이 중앙에 있는 고위 관리에게 뇌물을 주었습

> *"분경 금지법을 어기면 곤장을 100대 맞고,*
> *3,000리 밖으로 유배되었습니다."*

〈귀양 가는 죄인〉, 김준근

니다. 뇌물을 주는 이유는 여러 가지였습니다. 승진을 부탁하는 인사 청탁이 가장 많았고요, 군역을 면제받거나 세금이나 형벌을 감면받기 위해서도 뇌물을 바쳤습니다.

진행자 오늘날에도 뇌물을 주고받다가 검찰의 수사를 받는다는 뉴스가 심심치 않은데, 예나 지금이나 똑같은 거 같네요. 그럼 조선 시대에 어떻게 청탁을 하는지 이 기자가 현장에 나가 있는데요, 함께 보시죠.

현장 인터뷰
뇌물을 바치려는 자, 우리 눈을 피할 수 없다

저는 지금 조선 시대 인사권을 쥐고 있는 이조 판서의 집 앞에 나와 있습니다. 지금 제 뒤로 포도청 포졸들이 보이실 겁니다. 안 보인다고요? 참, 잠복근무 중이어서 그렇습니다. 이조 판서 집 앞에서 왜 잠복근무를 하고 있는지 포졸과 인터뷰를 해 보겠습니다.

기 자 지금 무엇 때문에 잠복근무를 하십니까?

포 졸 쉿! 조용히 하시오. 어떤 양반이 오늘 밤 이조 판서에게 뇌물을 주려고 찾아온다는 제보를 받았소. 그래서 집 앞에 잠복해 있다가 수상한 자가 이조 판서 댁으로 들어가면 현장을 덮쳐서 잡을 계획이오. 현장을 잡아야 해서 은밀하게 움직여야 하오.

기 자 아, 마침 노비 차림의 사내가 어깨에 짐을 지고 이조 판서 집으로 들어가고 있습니다. 사방을 두리번거리는 모습이 몹시 수상합니다. 잠복근무 중이던 포졸이 바람처럼 나타나 사내를 불러 세웁니다. 무슨 일이 벌어지는지 함께 보시죠.

포 졸 잠깐! 넌 누구냐? 신분을 밝혀라. 이 야심한 밤에 무슨 일로 판서 댁에 들어가려는 게냐? 혹시 무슨 부정한 청탁을 하러 가는 거 아니냐? 조금도 거짓됨이 없이 이실직고하렷다.

노 비 아닙니다요. 쇤네 같은 노비가 지체 높으신 이조 판서 댁에 부탁할 일이 뭐가 있겠습니까요.

포 졸 그럼, 무슨 일로 이조 판서 댁에 왔느냐? 이조 판서 댁이 동네 사랑방도 아니고 노비들이 함부로 드나들 집이 아니지 않느냐.

노 비 저희 주인어른께서 이조 판서 대감님께 문안을 여쭙고 오라고 해서 들어가려는 것입지요. 저야 주인마님이 시키는 대로 할 뿐입죠.

포 졸 그래? 그럼 등에 진 짐을 좀 보자. 어서 풀어라.

노 비 아니, 왜 남의 짐을 풀라 마라 하십니까요? 수색 영장이라도 가져오셨습니까요?

포 졸 수색 영장 같은 소리하고 있네. 이거 봐. 내 이럴 줄 알았어. 금으로 만든 거북이랑 비단 열 필, 너 딱 걸렸어. 포도청으로 같이 가자. 네놈은 지금부터 묵비권을 행사할 수 없고, 불리한 진술을 거부했다가는 국물도 없는 줄 알아!

기 자 우아! 포도청 포졸들 대단합니다. 노비를 시켜 뇌물을 전달하려는 자를 족집게처럼 잡아내니 말입니다. 이상, 뇌물 단속 현장에서 전해드렸습니다.

"이조 판서의 집에는 아주 가까운 친척과 이웃들만 드나들 수 있었습니다."

뇌물 받은 관리에게 내리는 형벌, 팽형

진행자 이 기자 수고했어요. 현장 취재를 보니까 조선은 뇌물을 막기 위해 부단히 노력한 사회였다는 교수님 말씀이 실감이 나네요.

평론가 그렇습니다. 조선은 관리의 부정부패를 막기 위해서 분경 금지법을 실시했을 뿐만 아니라 뇌물 받다가 걸린 관리에게는 팽형을 실시하기도 했습니다.

진행자 저는 잘 모르는 형벌인데요, 팽형이 뭔가요?

평론가 펄펄 끓은 가마솥에 넣어 삶아 죽이는 형벌입니다.

진행자 사람을 가마솥에 넣고 삶아 죽인다고요! 아니 뇌물을 받은 사람이 무슨 영계백숙도 아니고, 너무 심한 거 아닙니까?

평론가 어어, 너무 놀라지 마시고요, 실제로 사람을 삶아서 죽이는 건 아니고 그런 시늉만 하는 겁니다. 물이 없는 가마솥에 죄인을 집어넣고 불을

팽형

백성의 재물을 탐한 **탐관오리**를 가마솥에 넣어 삶아 죽이던 형벌입니다. 정말로 사람을 삶아 죽이는 것은 아니었고, 죄인을 가마솥에 담고 장작불을 지피는 시늉만 하였습니다. 팽형을 받은 죄인은 그 순간부터 죽은 사람 취급을 받았고, 집안사람들은 장례식을 치렀습니다.

피우는 척만 하다가 꺼냅니다.

진행자 에잇, 가마솥에 삶는 시늉만 하는 게 무슨 형벌이에요?

평론가 그렇지 않습니다. 팽형은 대단한 형벌이었습니다. 가마솥에 들어갔다 온 죄인은 들것에 실어 가짜 장례를 치릅니다. 그런데 왜 그런 가짜 벌을 내리느냐, 사람들로 하여금 뇌물을 받은 자가 얼마나 무거운 벌을 받는지 보여 주려고 하는 것이죠. 팽형을 당한 탐관오리는 호적이나 족보에도 죽은 사람으로 기록되고, 주위에서도 사람 취급을 하지 않았습니다. 사회적 처형이죠. 조선 시대 때 사회적으로 매장되는 건 진짜 죽는 것만큼 무서운 형벌이었습니다.

조선 시대 최대 뇌물 수수 스캔들의 주인공, 조말생

진행자 조선이 뇌물에 대해 저렇게나 엄격했다니, 정말 대단했네요. 그런 노력이 조선의 역사가 500년이나 이어지게 한 요인이 아닐까 싶은데, 어떤가요?

평론가 서당개 3년이면 풍월을 읊는다더니 진행자님도 역사적 통찰이 느셨습니다. 맞습니다. 조선은 뇌물과 부정 청탁에 대해서 엄격하게 처벌한 사회였습니다.

변호사 그럼, 뭐해요? 오천 년 우리 역사에서 가장 성군으로 추앙받는 세종도 뇌물 스캔들 때문에 곤욕을 치르셨잖아요.

진행자 엥, 위대하신 세종이 뇌물을 받으셨다고요?

변호사 아니, 세종이 뇌물을 받았다는 게 아니고요, 뇌물을 받은 신하를 감싸서 비판을 받은 적이 있다고요.

진행자 세종께서 어쩌다 그런 곤욕을 당하셨대요? 정 변호사님, 자세히 설명 좀 해 주세오.

변호사 조선 초에 조말생이라는 관리가 있었어요. 장원 급제로 벼슬길에 오른 뒤에 태종과 세종 때 고위 관료를 두루 지냈지요. 벼슬자리가 오늘날의 법무부 장관인 형조 판서, 국방부 장관인 병조 판서까지 올랐어요. 사람들은 조말생이 당연히 오늘날의 국무총리인 정승이 될 거라고 생각했지만 뇌물 스캔들로 끝내 정승 자리에 오르진 못했죠.

진행자 조말생이 연루된 뇌물 사건이 무엇이었는데요?

변호사 김도련이라는 자에게 뇌물을 받고 김생이라는 사람의 재산을 뺏는 소송에서 이기도록 도와 준 것이 발각되어 탄핵을 받은 사건이에요.

진행자 그래서요. 그게 세종과 무슨 상관이 있다는 거죠?

변호사 세종은 조말생을 엄하게 처벌해 다시는 관리들이 뇌물을 받는 일이 없도록 해야 한다는 사헌부와 사간원 관리들의 상소를 물리치고 조말생을 두둔했어요. 그래도 계속해서 조말생을 처벌하라고 상소를 올리자 2년 정도 귀양을 보냈다가 다시 불러들여 관직에 앉혔어요. 이뿐만 아니라 그의 아들까지 승진시켜 주었지요.

진행자 세종께서 왜 그러셨대요?

평론가 세종께서 그러신 데는 다 그만한 이유가 있습니다. 역사적으로 보면 말이지요. 세종은 한번 중용한 사람은 끝까지 믿고 내치지 않았습니다. 조말생뿐만이 아닙니다. 황희도 뇌물 사건에 연루된 적이 있는데, 그도 정승 자리에서 내쫓지 않았습니다. 흠잡을 데 없는 세종의 유일무이한 오점이라면 바로 그 점이 아닐까 싶습니다.

분경 금지법이 오늘날의 김영란 법으로 이어지다

진행자 이 시간에 조선 시대 뇌물 금지법인 분경 금지법에 대해 알아봤는데요, 지금 우리 대한민국에도 분경 금지법과 비슷한 김영란 법이 있지 않습니까? 김영란 법에 대해 잠깐 알아보고 갈게요. 강 변호사님, 김영란 법이 어떤 법인지 설명 좀 해 주세요?

변호사 김영란 법의 정식 명칭은 부정 청탁 및 금품 등 수수의 금지에 관한 법률이에요.

진행자 그런데 왜 김영란 법이라고 해요?

변호사 국민권익위원회 위원장인 김영란 대법관이 제안해 만들어서 김영란 법으로 불리게 됐어요.

"김영란 법의 정식 명칭은 부정 청탁 및 금품 등 수수의 금지에 관한 법률입니다."

김영란 법

2015년 3월에 제정된 법안으로, 2012년 김영란 당시 국민권익위원회 위원장이 **공직 사회 기강 확립**을 위해 법안을 발의하였습니다. 정식 명칭은 '부정 청탁 및 금품 등 수수의 금지에 관한 법률'입니다. 공직자뿐만 아니라 언론인과 사립학교 교직원까지 적용받습니다. 또한 **부정 청탁**을 한 사람에게도 과태료가 부과됩니다.

진행자 그렇군요. 김영란 법의 내용은요?

변호사 핵심 내용은 공직자가 1회에 100만 원 또는 한 해에 300만 원을 초과하는 금품을 받으면 직무 관련성이나 대가성에 상관없이 처벌을 받도록 한 거예요. 여기 계신 정 교수님과 진행자님도 김영란 법에 적용을 받는다는 것을 아시죠?

진행자 그럼요, 그래서 방송 끝나고 강 변호사님과 정 교수님이 식사를 할 때 각자 돈 내잖아요. 식사비 3만 원 이상을 접대 받으면 김영란 법에 걸리니까 사회가 깨끗해져서 좋기는 한데 너무 팍팍한 거 같아요.

변호사 그런 생각이 문제예요. 부정부패만 없애도 경제 성장률이 1% 이상 높아진다는 연구 결과가 있어요. 부정 청탁은 공정한 경쟁을 저해하는 가장 나쁜 범죄예요.

진행자 저도 알죠. 알고말고요. 우리 다 함께 청탁하지도 말고 받지도 말고 공정하게 경쟁하는 밝은 사회를 만들어 봐요. 마지막으로 정 교수님, 분경 금지법의 의의에 대해서 한 말씀해 주시죠.

평론가 기름 먹인 가죽이 부드럽다는 러시아 속담이 있습니다. 뇌물을 쓰면 일이 부드럽게 풀린다는 말이죠. 하지만 뇌물은 나라를 망치는 주범입니다. 국가는 외적의 침입 때문이 아니라 공직자들의 부정부패로 망하는 경우가 더 많습니다. 우리 사회도 공직자들의 뇌물 수수를 뿌리 뽑지 못하고 있습니다. 아직도 뇌물을 받는 공직자가 사라지지 않았다는 것이 조금 씁쓸합니다. 부정부패의 핵심은 뇌물입니다. 조선에는 오늘날보다 훌륭한 뇌물 금지법이 있었습니다. 이런 거 보면 조선의 법이 지금보다 결코 뒤떨어지지 않았다는 걸 알 수 있죠.

진행자 말씀 고맙습니다. 공정한 경쟁 사회를 좀 먹는 뇌물은 주지도 받지도 말아야겠습니다. 두 분 나와 주셔서 고맙습니다. 수고하셨고요, 저희는 다음 시간에 더욱 알찬 내용으로 찾아뵙겠습니다.

뇌물은 나라를 망치는 주범으로,
역사적으로 대부분의 국가는 외적의 침입이 아니라
부정부패 때문에 멸망의 길로 들어선다는 것을
잊으면 안 됩니다.

7 환곡

환곡이란

백성들에게 식량이 모자라는 봄에 곡식을 꾸어 주고 가을에 이자를 붙여 거두던 제도입니다. 원래 가난한 백성들을 구제하기 위해 실시했으나 조선 후기에 나라의 살림이 어려워지자 관청이 부족한 재원을 메우기 위해 높은 이자를 붙여 거두기 시작했습니다. 게다가 탐관오리들이 모래와 겨가 섞인 쌀을 빌려주고서는 가을에 깨끗한 쌀로 갚으라고 하고, 곡식을 빌리지 않으려는 백성들에게까지 억지로 빌려주기도 하는 등 조선의 백성을 괴롭히는 대표적인 제도였습니다. 결국 환곡은 조선 후기 민란의 원인이 되었습니다.

진행자 시청자 여러분 안녕하십니까? 우리 역사 속 법과 제도를 재미있고도 생생하게 살펴보는 《히스토리 톡톡》 시간입니다. 오늘도 《히스토리 톡톡》에 없어서는 안 되는 두 분 모셨습니다. 역사 평론가 정두식 교수님, 법률 전문가 강혜영 변호사님 나오셨습니다. 먼저 기쁜 소식부터 전해 드리겠습니다. 텔레비전 시청률 조사에서 저희 《히스토리 톡톡》이 교양 부문 1등을 차지했습니다. 두 분 덕분에 오늘의 영광이 있는 것이겠지요. 소감 한마디씩 듣고 시작할까요?

변호사 저는 시청률에 일희일비하지 않고 앞으로도 역사 속 법과 제도를 충

실하게 소개한다는 생각으로 방송에 임할 생각입니다.

평론가 저는 초심을 잃지 않고 앞으로도 올바른 역사적 사실을 전달하기 위해 최선을 다하겠습니다.

진행자 알겠습니다. 오늘 토론 시작하죠. 지난주까지 과거 제도를 비롯해서 토지 제도에 따른 전세, 군대에 가는 군역, 그리고 지역 특산물을 바치는 공납과 공납의 폐해를 없애기 위해 만든 대동법까지 살펴봤는데요, 참, 뇌물 금지법인 분경 금지법도 알아봤죠. 그동안 꽤 많은 조선의 법과 제도를 다루었네요. 오늘은 조선의 복지 제도인 환곡에 대해 이야기를 나누어 볼까 합니다. 정 교수님, 지금 시점에 환곡에 대해 살펴봐야 하는 이유가 있을까요?

평론가 여러 가지가 있습니다. 21세기 대한민국의 가장 큰 과제 가운데 하나가 바로 복지입니다. 국가가 국민들에게 최소한의 인간다운 삶을 보장해 주어야 하지 않겠습니까? 기초 연금이다, 무상 급식이다 해서 우리나라도 선거 때마다 복지 정책이 가장 큰 이슈로 떠오릅니다. 그래서 사람들은 복지가 마치 최근에 떠오른 문제인 양 생각하는데 전혀 그렇지 않습니다. 복지에 대한 고민은 2천 년 전부터 이미 있었습니다. 따라서 우리 역사 속에서 복지 제도가 어떻게 운영되어 왔고, 어떤 특징이 있는지를 살펴봄으로써 오늘날 복제 제도를 시행하는 데 교훈을 얻을 수 있으리라 생각합니다.

진행자 그렇군요. 그럼 지금부터 조선의 대표적인 복지 제도인 환곡에 대해 알아보겠습니다.

봄에 곡식을 빌려주고,
가을에 돌려받는 환곡의 시초는 고구려의 진대법

진행자 강 변호사님, 먼저 환곡이 뭔지 설명해 주실래요?

변호사 가난한 백성들에게 봄에 곡식을 빌려주고 가을에 돌려받는 조선의 대표적인 복지 제도예요.

진행자 그러면 조선 말고 다른 시대에는 환곡 제도가 없었나요?

평론가 시대마다 환곡 제도가 있었습니다. 물론 그때마다 환곡 제도의 이름은 달랐습니다. 보통 고구려의 진대법을 그 시초로 봅니다.

진행자 진대법은 저도 좀 알아요. 국상 을파소가 건의해서 시행한 가난한 백성들을 위한 제도죠?

평론가 그렇습니다. 고구려 고국천왕 때 오늘날 국무총리에 해당하는 국상 을파소가 건의해 실시했습니다. 식량이 떨어지는 3월에서 7월 사이에 백성들에게 곡식을 빌려주고 추수가 끝난 가을에 돌려받는 제도죠.

진대법

봄에 가난한 백성들에게 곡식을 빌려주고 가을에 갚도록 한 고구려의 빈민 구제책입니다. 194년에 고구려 고국천왕 때 국상이던 을파소의 건의로 시행되었습니다. 을파소는 흉년이 들면 귀족들이 백성들에게 곡식을 빌려주고 갚지 못하면 노비로 삼는 것을 보고 진대법을 시행했습니다.

오늘날 많은 사람이 명재상으로 을파소를 먼저 떠올리는 건 바로 진대법을 시행했기 때문입니다.

진행자 지난 시간에 조선의 백성들이 대동법 전도사 김육의 은혜를 잊지 말자며 십시일반 돈을 모아 공덕비를 세운 것처럼 을파소의 진대법이 백성들에게 큰 도움이 됐나 보군요.

평론가 맞습니다. 제가 어렸을 때까지만 해도 보릿고개라고 하여 봄이 되면 식량이 바닥나는 바람에 들에서 풀 뜯어 먹고, 산에 가서 나무껍질 벗겨서 씹어 먹고 했거든요. 불과 수십 년 전에도 그랬는데 2천 년 전에는 어땠겠어요? 굶주리는 백성들을 위해 봄에 식량을 빌려줄 생각을 했으니 을파소가 정말 대단한 것입니다.

변호사 교수님 연세가 기껏해야 저보다 열 살 정도 더 많으실 텐데, 보릿고개 때 풀을 뜯어 먹고, 나무껍질을 벗겨 먹었다니, 그게 무슨 개풀 뜯어 먹는 소리세요?

평론가 뭐라고요, 강 변호사가 보릿고개를 알아요? 6·25 전쟁 때 피난을 가봤어요?

변호사 교수님이 6·25를 겪으셨다고요? 에이, 농담 그만하세요.

진행자 저도 정 교수님은 6·25 전쟁이 끝나고 한참 뒤에 태어난 걸로 알고 있는데요. 정 교수님, 장난 그만 치시고 다시 진대법 얘기로 돌아가시죠. 고구려에서 진대법을 실시한 목적이 뭔가요?

평론가 가장 중요한 것이 민생 안정이었죠. 흉년이 들면 백성들이 먹을 식량이 없지 않습니까? 당시에는 먹고살 방법이 없는 가난한 백성이 귀족의 노비가 되는 경우가 많았습니다. 농민이 줄고 노비가 늘면 어떻게 되겠습니까?

진행자 세금 낼 사람이 줄어들어 나라 살림이 어려워지겠죠.

평론가 그러니 나라에서는 백성들 삶도 안정시키고 세금도 안정적으로 확보하기 위해 백성들의 구제에 나설 수밖에 없었죠.

진행자 그렇군요. 그럼 봄에 곡식을 빌리면 가을에 꼭 갚아야 했나요?

평론가 상황에 따라 달랐습니다. 이자 없이 빌려준 만큼만 되돌려 받기도 했고요, 빌려준 곡식의 양에 이자까지 합쳐 받는 원금+이자 상환 방식도 있었습니다. 시대마다 나라마다 조금씩 다른데 처음에는 주로 원금만 돌려받다가 조선 후기에 이르면 이자를 듬뿍 쳐서 돌려받았습니다. 나라에서 이자 놀이를 한 것이라고 할 수 있습니다.

진행자 그랬군요. 진대법 이후 환곡 제도는 어떻게 변천했나요?

변호사 그 부분은 제가 말씀드릴게요. 고려를 세운 태조 왕건은 흑창이라는 기관을 설치했어요. 곡식을 창고에 저장했다가 가난한 백성을 구제하는 제도였죠. 고려 성종 때 흑창을 의창으로 이름을 바꾸었어요. 흑창이나 의창이나 하는 일을 같았어요. 참고로 흑창의 창(倉)은 한자로

“

우리나라의 복지 제도는 고구려의 진대법을 시작으로,
고려에서는 의창, 조선에서는 환곡으로 계승됐습니다.

”

의창 제도

고려 시대에 **흉년**이 들었을 때 가난한 백성들에게 곡식을 빌려주었던 **빈민 구제 제도**입니다. 원래 이름은 흑창으로, 고려 성종 때인 986년에 이름이 바뀌었습니다. 처음에는 이자를 받지 않았으나 나중에는 이자를 붙여 받으면서 백성들을 괴롭히는 제도가 되었습니다. 의창은 조선 중종 때 폐지되고, 진휼청에서 그 기능을 맡았어요.

창고라는 뜻이에요. 그 뒤, 조선을 건국한 태조 이성계도 고려의 의창 제도를 계승했어요.

진행자 복지가 현대에 들어와 생긴 제도인 줄 알았는데, 고구려 초부터 2천 년 가까이 이어 왔다니 정말 대단하네요. 그럼, 의창 이후의 상황에 대해서 설명해 주시죠.

변호사 의창에 비축해 놓은 곡식이 점차 줄어들자, 민간이 운영하는 사창을 설치하기도 했어요. 이후 관리의 농간 등 각종 폐해로 의창이 폐지되고, 환곡이라는 명칭으로 불리게 됐죠. 그러다가 조선 후기에 환곡 제도가 중대한 변화를 맞게 돼요.

진행자 중대한 변화라는 게 뭐죠?

평론가 임진왜란과 병자호란 이후에 환곡으로 빌려준 곡식에 지나치게 높은 이자를 받기 시작한 겁니다. 그러다 보니 백성들은 환곡 때문에 환장할 노릇이었습니다. 지난번 군역 이야기할 때 조선 후기에 농민들이 삼정 문란 때문에 민란을 일으켰다고 말씀드렸잖습니까? 환곡도 삼정 문란 가운데 하나로, 수령들이 환곡으로 장난질을 해서 백성들이 들고일어난 것입니다.

진행자 환곡 때문에 환장한다고요, 환곡을 가지고 수령들이 장난질을 했다고요. 교수님, 방송 언어를 좀 순화해 주세요. 그럼, 조선 후기 환곡, 즉 환정의 문란이 어느 정도였는지 조선 시대 현장에 나가 있는 이 기자를 통해 알아보겠습니다. 이 기자! 나와 주세요.

현장 인터뷰
강제로 떠넘기고 높은 이자를 쳐서 받아

저는 지금 환곡을 나눠 주는 창고 앞에 나와 있습니다. 창고 앞에서 담당 관리가 곡식을 빌려주며 장부에 꼼꼼하게 기록하고 있습니다. 보릿고개 때 나라에서 곡식을 빌려주는데도 백성들의 표정이 그리 밝아 보이지 않습니다. 무슨 사연인지 농민 한 분과 이야기를 나눠 보겠습니다.

기 자 어르신, 보릿고개 때 굶지 말라고 나라에서 곡식을 빌려주는데 왜 벌레 씹은 표정을 하고 계신가요?

농 민 가을에 환곡을 갚을 때 이자를 붙여 갚을 생각을 하니 벌써 한숨부터 나옵니다. 어휴.

기 자 이자요? 환곡은 원래 이자 없이 빌려 간 만큼만 갚는 거 아닌가요?

농 민 처음엔 그랬다더군요. 헌데 지금은 그렇지 않아요. 이자를 3할이나 내야 한다오. 쌀 열 말을 빌렸으니 가을에 열세 말을 갚아야 하단 말이오. 그럼, 내년 봄에는 먹을 곡식이 떨어져 또 환곡을 빌려야 하니, 세금과 마찬가지라오. 도대체 우리는 무엇을 먹고살라고 하는지…….

기 자 그거참 이상하군요. 환곡은 가난한 백성을 위한 제도라고 들었는데 말입니다. 그럼, 환곡을 빌리지 않으면 되지 않을까요?

농 민 고을 사또가 이자 받는 재미에 빠져 강제로 곡식을 떠넘기니 빌리고 싶지 않아도 안 빌릴 수가 없소. 여긴 환곡을 빌려야만 하는 빌리지라오. 나만 해도 지난가을 풍년이 들어 굳이 곡식을 빌리지 않아도 되는데, 아전들 등쌀에 억지로 쌀을 빌려 가는 중이라오.

기 자 그러니까 풍년이든 흉년이든 닥치고 환곡을 빌려라, 그리고 높은 이자를 쳐서 갚아라, 이런 거군요.

농 민 그렇소. 토지에 내는 전세에, 군역 대신 내는 군포에, 환곡 이자까지 정말 내가 평생 뼈빠지게 일하고 세금을 뜯기면서 살려고 조선의 농민으로 태어났나 하는 자괴감이 든다오.

기 자 그럼 빌려 간 쌀을 잘 보관했다가 다시 그 쌀로 갚으면 되지 않습니까? 이자를 내는 건 조금 억울하겠지만요.

농 민 이것 좀 보시오. 지금 빌려 가는 쌀은 품질이 좋지 않은 하품이라오. 그런데 가을에 환곡을 갚을 때는 최상품으로 갚으라지 뭐요. 환곡 제도가 어쩌다 이렇게 세금보다 무거운 부담이 됐는지 원…….

기 자 농민 이야기 들어보니 피하려야 피할 수도 없고 거부하려야 거부할 수도 없는 게 환곡 같습니다. 이상 조선 후기 환곡을 시행하는 현장에서 전해드렸습니다.

"보릿고개 때 가난한 백성들을
도와주던 환곡이 탐관오리들의 농락으로
세금보다 무서운 부담으로 변했습니다."

환곡 때문에 조선의 백성들이 들고일어나다

진행자 백성들을 돕겠다는 만든 제도가 백성들을 괴롭히다니 정말 안타깝네요. 정 교수님, 백성들이 계속 참고만 있지 않았을 텐데요.

평론가 그렇습니다. 백성들은 환곡 문제를 해결해 달라고 정부에 계속 요구했습니다. 하지만 정부는 농민들의 요구를 들어주지 않았습니다. 결국 참다못한 농민들이 1862년에 진주에서 봉기를 일으켰는데, 그것이 군역 시간에도 말씀드린 임술 봉기입니다.

진행자 그런데 궁금한 게 하나 있습니다. 환곡이나 의창에 대해서 나올 때 꼭 나오는 제도가 하나 있지 않나요? 상평창이라고. 상평창이 뭔가요?

변호사 그건 제가 말씀드릴게요. 의창이나 상평창의 뒤에 붙은 '창'은 곡식 창고를 가리키는 말입니다. 그러니까 의창이나 상평창은 곡식과 관련된 일을 하는 관청이라는 것을 알 수 있지요. 둘 다 곡식과 관련된 일을

상평창

고려와 조선 시대에 물가를 조절하던 기관입니다. 풍년에 곡물이 흔하면 값을 올려 사들이고, 흉년에 곡물이 귀하면 값을 내려 팔아 물가를 안정시켰습니다. 조선 선조 때인 1608년에 선혜청으로 이름을 고쳤습니다.

충청수영 진휼청
진휼청은 의창이 문을 닫은 뒤에 세워진 빈민 구휼 기관입니다.

하지만 성격은 달라요. 의창은 빈민 구휼 제도이고요, 상평창은 물가 조절 기관이에요. 물가 조절을 하는 방법은 예나 지금이나 같아요. 풍년이 들어 곡물 가격이 떨어지면 정부에서 곡식을 싼값에 사들였다가 흉년에 곡식 값이 오르면 싼값에 시장에 내놓아 가격을 안정시키는 거죠. 상평창은 고려 때 처음 설치됐는데요, 조선 시대에 선혜청으로 이름이 바뀌어요.

진행자 그러니까 의창은 빈빈 구휼 기관, 상평창은 물가 조절 기관이로군요. 머리에 쏙쏙 들어오는데요. 그런데 늘 느끼는 거지만 강 변호사님은 정리를 정말 쉽게 잘하세요.

변호사 대입 수학 능력 시험 준비할 때 정말 열심히 공부했거든요. 제가 워낙 똑똑하니까 그때 정리한 게 아직도 머릿속에…….

진행자 아, 알겠고요. 대표적인 복지 제도인 환곡에 대해서 자세히 살펴봤습니다. 이제 한 걸음 더 나아가서 조선 시대 복지 제도에 대해서 알아보겠습니다. 정 교수님, 우리가 꼭 알아두어야 할 조선 시대 복지 제도에는 환곡 말고 뭐가 더 있을까요?

조선 시대 여자 공노비 출산 휴가 80일, 남편 출산 휴가 15일

평론가 《경국대전》에 '관청에서 일하는 여자 공노비가 아이를 낳을 경우 출산 전 30일, 출산 후 50일 동안 출산 휴가를 준다.'라고 나와 있습니다. 그러니까 아이를 낳을 때 80일 동안 휴가를 받을 수 있었습니다.

진행자 우아! 오늘날 〈근로 기준법〉에는 '출산 전과 출산 후를 통하여 90일의 출산 전후 휴가를 주어야 한다.'라고 규정되어 있는데, 조선 시대에도 그에 못지않았네요.

변호사 맞아요. 그런데 더 놀라운 것은 세종은 출산한 공노비의 남편에게도 산후 15일의 출산 휴가를 주었다는 사실이에요. 오늘날에도 남편에게는 출산 휴가가 3일밖에 주어지지 않는데요, 놀랍지 않나요? 정부에서는 2022년까지 남편의 출산 휴가를 10일로 늘린다고 하는데, 그래봐야 조선 시대보다도 짧아요.

평론가 역사적으로 볼 때 세종만큼 백성을 사랑한 임금은 없었던 것 같습니다. 킹왕짱이에요.

진행자 그런 거 같아요. 출산 휴가에 관해선 600여 년 전 조선의 수준이 지금보다 앞선 느낌이 들어요. 복지하면 의료 제도를 빼 놓을 수 없는데,

의료 제도는 어땠나요?

평론가 조선 시대 때도 훌륭한 의료 제도가 있었습니다. 조선은 혜민서와 활인서 같은 의료 기관을 설치해 가난한 자, 병든 자, 떠돌이 환자를 치료해 주고 음식을 주었습니다. 물론 무상이었지요. 활인서의 업무는 고종 때 혜민서에 통합됐다가 훗날 제중원과 대한적십자병원으로 이어집니다.

진행자 오늘은 환곡을 중심으로 조선 시대 복지 정책에 대해 알아보았습니다. 환곡과 같은 복지 정책이 수천 년 동안 전해 내려왔으며 오늘날에도 기초연금, 아동수당, 청년수당, 근로 장려금 등 여러 가지 복지 제도로 이어졌습니다. 앞으로도 복지 문제는 우리 사회의 가장 중요한 과제로 남을 것 같습니다. 《히스토리 톡톡》 여기서 마치겠습니다. 두 분 감사합니다.

가난한 백성들을 도와주는 환곡은
수천 년 동안 전해 내려온 복지 제도로, 복지 정책은
나라의 가장 중요한 역할 중에 하나입니다.

8
삼복제

삼복제란

조선 시대 사형수를 처벌하기 전에 세 번 조사하도록 한 제도입니다. 억울하게 사형을 받는 사람이 생기지 않도록 하기 위해서 제정되었습니다. 세종 때 처음 만들어졌으며 이를 정리하여 《경국대전》에 실었습니다. 제1심은 지방관, 제2심은 형조가 맡아서 판결하였고, 제3심은 왕에게 보고하였습니다. 삼심제는 영조 때에 엄격하게 시행되어 백성들이 억울한 일을 당하지 않도록 하였습니다.

진행자 안녕하십니까? 《히스토리 톡톡》 시간입니다. 세상에는 두 종류의 인간이 있다고 하죠. 법 없이도 살 사람, 법 없으면 못 살 사람. 두 분은 어느 쪽에 속할까요, 정 교수님, 강 변호사님?

평론가 저는 이날 이때까지 살면서 법 없이도 살 사람이란 소리를 자주 들었습니다.

진행자 네. 그러시군요. 강 변호사님은 법 없으면 못 살 사람이 아닌가요?

변호사 무슨 그런 서운한 말씀을 하세요. 제가 얼마나 선량한 사람인데요. 법 없으면 못 살다니…….

진행자 알죠. 하지만 강 변호사님은 법 없으면 못 사는 건 맞잖아요. 맨날 법과 씨름하며 법정에서 변호하시고, 맞죠?

변호사 아, 맞네요. 근데 이 썰렁함은 어쩌실 건지…….

진행자 제가 시작부터 썰렁한 농담을 해 봤는데요, 오늘은 조선 시대 수사와 재판 제도에 대해 알아보는 시간입니다. 이 주제는 검사 출신이면서 《경국대전》 전문가이신 강 변호사님께서 하실 말씀이 많겠어요?

변호사 그럼요. 제가 검찰청 특수부에서 미녀 검사로 이름을 날리며 수사한 수사 기록만 쌓아 놓아도 5층 아파트 옥상까지 닿을 거예요.

진행자 아, 알겠습니다. 조선 시대 수사 제도와 재판 과정에 대해 알아보도록 하죠. 저는 조선 시대 재판하면 사또가 무릎을 꿇은 죄인에게 '네 죄를 네가 알렷다!'라고 호통을 치고는 포졸들에게 '저놈을 매우 쳐라!', '주리를 틀어라!'라고 명령하는 장면이 떠올라요. 이렇게 마구잡이 재판을 원님 재판이라고 하죠. 정 교수님, 조선 시대의 수사와 재판은 실제로 어떠했나요?

평론가 죄인을 잡아다 족치는 마구잡이 수사와 재판도 있었지만 모든 재판이 그렇지는 않았습니다. 조선 시대에는 우리가 생각했던 것보다 훨씬 엄격하고 공정하게 수사와 재판을 진행했다고 할 수 있습니다.

진행자 그럼, 조선 시대 재판 제도에 대해 차근차근 알아보도록 하죠. 강 변호사님?

조선 시대 재판관은 고을 수령

변호사 조선 시대의 재판은 크게 민사 재판과 형사 재판으로 나눌 수 있어요. 민사 재판이란 개인과 개인 사이에 일어나는 문제를 해결하는 재판이고요, 형사 재판은 살인이나 강도, 반역죄 같은 중대 범죄를 다루는 재판이에요. 오늘날과 거의 비슷해요. 다른 점이 있다면 누가 재판관이냐 하는 점이죠.

진행자 오늘날에는 수사는 경찰과 검찰이 하고, 재판은 판사가 하잖아요. 조선 시대는 그렇지 않았나 보죠?

〈관아에서 치는 매〉, 김준근

변호사 조선 시대는 행정권을 가진 지방 수령이 사법권까지 가지고 있었어요. 지방 수령은 맡은 지역의 크기에 따라 관찰사, 부사, 목사, 현감 등으로 불리는데요, 이들이 사건 수사에서부터 재판까지 북 치고 장구 치고 한 거죠.

진행자 사또의 권한이 막강했군요. 그럼 수사권과 재판권이 지방 수령에게만 있었던 거예요?

변호사 그렇진 않고요, 수도인 한성에서는 포도청과 의금부, 그리고 형조에서 수사와 재판을 맡았어요.

진행자 그렇군요. 그럼 재판 절차에 대해 설명해 주실래요?

변호사 먼저, 민사 재판부터 설명해 드릴게요. 민사는 지방 수령이 재판을 맡았어요. 주로 노비 소유권 다툼, 토지 소유권 문제, 묏자리 다툼 등을 다루죠. 참, 묏자리가 뭔지 아시죠? 묏자리는 묘지 자리를 말하는 거예요. 고을 수령은 간단한 형사 재판도 맡아서 처리했어요. 가령 도둑질이나 싸움 같은 문제는 바로 판결을 내리죠. 그런데 살인처럼 중대 범죄는 절차가 좀 복잡해요.

진행자 어떤 절차를 거쳐야 하는데요?

변호사 오늘날은 재판을 세 번 받을 수 있어요. 이것을 삼심제라고 해요. 1심은 지방 법원에서, 2심은 고등 법원에서, 3심은 대법원에서 재판을 받죠. 조선 시대도 사형수를 재판할 때는 삼심제와 비슷한 삼복제를 시행했어요.

진행자 조선 시대에도 재판을 세 번이나 받을 수 있었다니 놀랍네요.

*"조선 시대에는 살인 사건이 일어나면
지방에서 두 번에 걸쳐 수사를 하고,
관찰사가 1심 재판을, 형조에서 2심 재판을,
왕이 3심 재판을 합니다."*

평론가 그래서 제가 조선 시대의 재판이 모두 원님 재판이 아니라고 한 겁니다. 조선 시대에도 주먹구구로 재판을 진행하지 않았습니다. 법으로 정해진 재판 절차를 엄격히 지켜야 했습니다. 어느 고을에 살인 사건이 일어났다고 해 봅시다. 그럼, 가장 먼저 살인 사건이 일어난 고을의 수령이 1차 수사를 합니다. 그다음에는 수사의 공정성을 위해 이웃 고을의 수령이 2차 수사를 하죠. 1차, 2차 수사를 마치면 그 결과를 상부 기관인 관찰사에게 올려요. 그러면 관찰사가 1심 판결을 내립니다. 관찰사는 그 결과를 오늘날의 법무부인 형조에 보고하고, 형조에서 2심 재판을 진행합니다. 형조에서 2심 판결 결과를 왕에게 보고하면 왕이 3심 재판을 진행합니다.

진행자 정 교수님 말씀을 듣고 보니 조선 시대의 수사와 재판도 지금처럼 신중하게 처리했다는 것을 알 수 있네요. 그럼 마지막 3심 재판은 어떻게 진행되나요?

평론가 왕은 수사와 재판 기록을 면밀하게 살펴보고 최종 판결인 3심 판결을 내리는데, 만약 수사에 미진한 부분이 발견됐다거나 뭔가 미심쩍은

"조선 시대에는 고을 수령이 수사권과
재판권을 모두 가지고 있었습니다."

부분이 있으면 형조나 관찰사로 다시 사건을 내려보내서 재수사하게 합니다. 그래도 사건이 명쾌하게 밝혀지지 않으면 사건이 일어난 현장으로 암행어사를 파견하여 다시 조사를 시켰습니다.

진행자 설마 조선 시대의 모든 왕이 면밀하게 살인 사건을 조사하고 판결을 내린 것은 아니죠?

평론가 당연히 모든 왕이 그런 것은 아니고요, 특히 정조가 판결에 철저했다고 합니다. 정조가 누구입니까? 우리 역사에서 세종과 더불어 가장 백성을 사랑하는 왕으로 손꼽히는 왕이잖아요. 정조는 억울한 백성이 한 명이라도 생기지 않도록 형조에서 올라오는 수사와 재판 기록을 살펴보느라 밤을 새우기 일쑤였다고 합니다.

진행자 정조는 정말 대단하시네요. 앞 시간에 세종은 여자 공노비 출산 휴가까지 챙겨 주실 정도로 백성을 사랑했다고 했는데, 백성을 사랑하는 마음은 정조도 만만치 않은 거 같아요. 그럼, 이제 조선 시대 재판 과정을 살펴보러 살인 사건이 벌어진 조선으로 가 볼 텐데요, 지금 이 기자가 재판이 시작된 고을 관아에 나가 있습니다. 조선 시대 재판 과정을 함께 지켜보시죠.

현장 인터뷰
조선 최대 엽기 살인 사건, 김은애 사건

저는 지금 끔찍한 살인 사건이 벌어진 전라도 강진 현에 나와 있습니다. 김은애라는 젊은 부인이 이웃 마을 노파를 칼로 찔러 살해한 사건인데요, 김은애가 왜 살인을 저질렀을까요? 강진 현감과 이야기를 나눠 보겠습니다.

기 자 현감님, 어디서 오시는 길이신가요?

현 감 사건 현장을 살펴보고 오는 길이요. 살인 사건이라더욱 철저하게 수사를 하고, 재판을 할 예정이오. 임금님께도 보고되는 사건이니 만큼 한 치의 소홀함도 없어야 하오. 난 그럼, 이만 재판을 하러 가겠소.

기 자 현감이 재판을 시작하려고 합니다. 저는 잠시 재판을 지켜보고 다시 소식을 전하도록 하겠습니다.

현 감 노파의 시신은 검시를 하였는가?

형 방 시신 검사를 하는 관노비인 오작사령이 시신을 깨끗이 씻긴 후에 상처 부위와 깊이를 살펴보고서 시신을 그림으로 그린 후에 시신을 동헌으로 옮겨 왔습니다.

현 감 그대가 노파를 살해한 것이 맞는가?

김여인 그렇습니다. 제가 죽였습니다.

현 감 왜 죽였는가?

김여인 노파가 제가 마을 총각과 정을 통했다는 헛소문을 내고 다녀 오랜 시간 큰 고통을 받았기에 죽였습니다. 노파는 제가 혼인하기 전부터 그런 소문을 냈고, 마을 사람들은 제 말을 들어 보지도 않고 저를 부정한 여인이라고 손가락질했습니다. 다행히 남편은 저를 믿어 주었지만 소문이 점점 커졌고, 저는 더 이상 시댁 식구들에게 얼굴을 들고 살 수 없게 되었습니다. 정말 억울하였습니다. 자살할 생각도 해 보았으나 그리하면 제가 부정한 여인이라는 걸 인정하는 꼴이 될 것 같아 자살하지 않았습니다.

현 감 그렇다고 사람을 죽여? 관아에 고발할 생각은 안 했는가?

김여인 왜 안 했겠습니까? 허나 고발한다 해도 노파는 고작 곤장 몇 대 맞고 풀려날 것이며, 저는 죽을 때까지 정절을 잃은 여인이라는 오명을 뒤집어쓰고 살아야 할 것입니다. 그럴 수는 없었습니다.

현 감 사람을 죽이면 너도 죽게 된다는 사실을 모르는가?

김여인 알고 있습니다.

기 자 방금 보셨습니다만 김은애는 자신에 가해진 인격 살인을 참을 수 없었고, 자기도 사형을 받아 죽을 줄 알면서도 노파를 살해했다고 자백했습니다. 이제 강진 현감이 자신의 의견을 담아 상부 기관인 관찰사에게 보고를 할 텐데요, 과연 이 여인의 운명은 어떻게 될까요? 저는 이곳에 남아서 계속 취재하도록 하겠습니다.

단 한 명이라도 억울한 사람이 나오지 않도록

진행자 김은애의 사정을 들으니 제가 분통이 터지고 안타깝네요. 교수님, 이 여인은 이제 어떻게 되나요?

평론가 절차에 따라 수사와 재판이 진행됩니다. 강진 현감은 사건이 일어난 경위와 심문 내용, 김 여인이 억울할 순 있겠지만 사람을 죽였으니 사형을 면할 순 없어 보인다는 자신의 의견을 보태서 전라도 관찰사에게 보고를 올리죠. 보고를 받은 관찰사는 이웃 고을 수령에게 다시 수사를 할 것을 지시하고, 이웃 고을 수령은 강진 현감과 비슷한 의견을 담아 보고서를 올립니다. 김은애의 사정이 딱하다고 판단한 관찰사가 직접 강진에 가서 김은애를 심문하고 돌아온 뒤에 이를 정리해 형조에 사건을 넘깁니다. 형조에서도 김은애의 억울함은 인정하나 국법에 따라 사형을 시킬 수밖에 없다는 의견을 담아 정조에게 올립니다.

은애전

조선 후기에 **이덕무**가 지은 《청장관전서》에 실려 있는 한문 전기입니다. 정조 때인 1790년에 **정조**가 모든 **재판 기록**을 검토하다가 여자가 음란하다는 모함을 받은 것은 천하에 원통한 일이라며 김은애를 풀어 주게 한 다음, 이덕무에게 전기를 쓰게 하였습니다.

진행자 정조가 사형 판결을 내리면 김은애는 죽게 되겠군요.

변호사 그렇죠. 조선 시대는 사람을 죽이면 대부분 사형에 처해졌으니까요. 다만 부모를 죽인 원수를 죽이거나 간음한 아내를 현장에서 죽인 경우 등은 정상을 참작해 사형을 면해 주었어요. 그런데 김은애의 사연은 사형 면제에 해당하지 않고, 원한을 가지고 잔인한 방법으로 살인을 저질렀기 때문에 사형을 피할 수 없어 보여요. 에구.

평론가 강 변호사님이 정조 임금을 몰라서 하는 말씀입니다. 정조는 노파 살인 사건을 놓고 머리에 쥐가 나도록 고민을 합니다. '자신을 인격적으로 살해한 노파를 죽인 것이니 그럴 수도 있지 않은가?', '그렇다고 살인을 저지른 사람을 풀어 주면 백성들이 법을 우습게 알고 나라의 법도가 땅에 떨어지지 않을까?'

진행자 정 교수님, 그래서요.

평론가 정조는 고민 끝에 사건을 다시 형조로 내려보냅니다.

진행자 그다음은요.

평론가 형조는 김은애를 살리려는 정조의 뜻은 알겠지만 살인자를 사형에 처하지 않을 수 없다는 의견을 다시 올립니다. 오늘날로 하면 1심에서 사형, 2심에서도 사형 판결을 받은 셈이지요.

진행자 그렇다면 정조라도 어쩔 수 없겠네요.

평론가 정조에게 마지막 카드가 남아 있었습니다.

진행자 무엇인가요? 얼른 말씀 좀 주세요.

평론가 정조는 가장 아끼는 신하, 바로 정약용에게 사건을 다시 검토해 보라

정약용

조선 후기에 유형원과 이익 등의 실학을 계승하고 집대성한 학자입니다. 정조를 도와 수원 화성을 지었으며, 500여 권의 저서를 남겼습니다. 정조가 세상을 뜬 뒤 전라남도 강진으로 귀양 갔다가 19년 만에 풀려났습니다. 저서에 《목민심서》, 《흠흠신서》, 《경세유표》 등이 있습니다.

고 지시합니다. 정약용은 단군 이래 가장 많은 책을 쓴 학자로 널리 알려졌지만 이분은 조선의 최고 수사관이기도 했습니다. 노파 살인 사건을 검토한 정약용은 김은애가 살인을 할 수밖에 없었던 살인 동기, 즉 조선 시대 목숨과도 같았던 정절을 지키려는 마음을 높이 평가해 김은애를 석방하는 것이 좋겠다는 의견을 정조께 올립니다. 정조는 기뻐하며 김은애를 석방하라는 최종 판결을 내립니다. 그러고는 정절과 명예를 지키고자 목숨까지 내놓은 김은애 이야기를 책으로 편찬해 널리 알리라고 명령을 했습니다. 정조의 사랑을 받은 규장각 검서관 아시지요? 이덕무라고. 이덕무가 정조의 명을 받들어 자신의 책 《청장관전서》에 김은애 이야기를 실어 널리 알립니다.

진행자 우아, 김은애 살인 사건에서 정조와 정약용, 정조와 이덕무 이야기까지, 역시 역사 평론에 정평이 나 있는 정 교수님의 해설을 들으니 뭐랄까요, 역사적 맥락이 느껴지는데요.

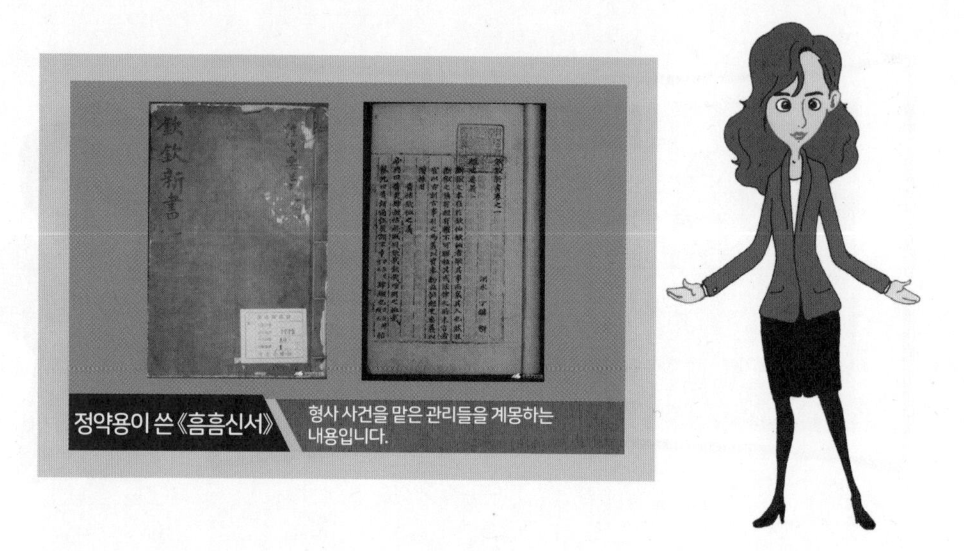

평론가 뭐, 그 정도까지야. 허나 단편적인 법 상식을 나열하는 해설과는 차원이 좀 다르다고 봐야겠지요.

진행자 아, 네. 근데 왜 말씀하시면서 강 변호사님을 쳐다보세요?

평론가 쳐다보긴요. 말이 그렇다는 얘기죠.

진행자 강 변호사님, 김은애 사건 보면서 어떤 걸 느끼셨어요?

변호사 역시 정조구나! 역시 정약용이구나! 하는 걸 느꼈어요. 김은애 이야기는 정약용이 쓴 형법 책 《흠흠신서》에도 소개돼 있는데요, 제가 미녀 검사로 이름을 날리던 중앙 지검 특수부 검사 시절, 그 책을 보면서 억울한 일을 당하는 사람이 없게 하려는 정조의 마음과 그 마음을 누구보다 잘 읽은 정약용의 마음에 감동을 받은 기억이 나네요.

진행자 강 변호사님, 듣기 좋은 꽃노래도 한두 번이라는데, 미녀 검사 소리는 이제 그만하시는 게 어때요? 그건 그렇고요, 김은애와 노파 사이에 숨

겨진 사연이 있을 거 같은데, 자세한 내용을 들어볼까요? 현장에 남아 있는 이 기자를 다시 불러보겠습니다. 이 기자!

김은애 인터뷰

'정절을 잃느니 목숨을 버리는 게 낫다'

기 자 김은애 씨, 석방을 축하합니다. 그동안 마음고생이 많으셨죠?

김은애 칼 들고 노파 집에 들어갈 때 이미 저는 목숨을 내놓은 사람입니다. 그런데 임금님께서 살려 주셨으니 하해와 같은 은혜를 어찌 보답해야 할지 모르겠습니다.

기 자 딴 사내와 정을 통했다는 헛소문을 퍼뜨려 노파를 살해했다고 하셨는데, 노파가 왜 그런 소문을 냈을까요?

김은애 그 노파는 원래 기생이었는데, 나이가 들어 우리 마을에 들어와 살았어요. 곡식이 떨어지면 저희 어머니께 와서 곡식을 꿔 가곤 했지요. 그런데 그 노파가 꿔 간 곡식을 잘 갚지 않았다고 해요. 어머니는 더 이상 빌려줄 곡식이 없자 노파에게 그만 오라고 했대요.

기 자 그것에 앙심을 품고 헛소문을 퍼뜨렸다는 것인가요?

김은애 노파가 앙심을 품고 있다가 저를 음해할 기회를 잡은 거예요. 노파의 먼 친척 총각이 저를 좋아한다고 노파에게 이야기했대요. 노파는 저와 혼인을 하고 싶다면 총각에게 저와 정을 통했다는 소문을 내라고 시켰대요. 총각은 그 대가로 노인의 피부병을 치료할 약값을 주었고요. 그 뒤 그 총각과 정을 통했다는 소문이 마을에 퍼져 저는 정말 죽고 싶은 심정이었어요.

기 자 그래서 어떻게 됐나요?

김은애 다행히 저와 혼인을 약속한 사람이 저를 믿어 줘서 저는 그 사람에게 시집을 갔어요. 그런데 제가 혼인을 하고 난 다음에도 노파가 계속 저에 대한 안 좋은 소문을 퍼뜨리고 다녔어요. 제가 억울한 건 참겠는데 남편이 밖에서 그런 말도 안 되는 헛소문을 듣고 다니는 건 도저히 참을 수가 없었어요.

기 자 그래서 노파를 찾아가셔서 노파를 죽였습니까?

김은애 시집간 여인이 부정한 짓을 했다는 소문이 나면 어떻게 되는 줄 아십니까? 시댁 사람들이 며느리를 강물에 빠뜨려 죽였어요. 외간 남자에게 손목이라도 잡히면 자기 손목을 작두로 잘라야 했어요. 여인이 정절을 잃으면 죽은 목숨과 같아요. 그런데 제가 실제로 부정한 짓을 한 것도 없는데, 그런 헛소문 때문에 사람들이 저를 손가락질을 하니 억울해서 참을 수가 없었어요. 저는 제 목숨을 걸고 저의 결백을 밝혀야 했어요.

기 자 마지막으로 지금 심경을 말씀해 주십시오.

김은애 다시는 저처럼 억울한 일을 당하는 사람이 없었으면 좋겠어요. 그리고 정조 임금님, 정약용님 정말 감사합니다. 두 분 은혜를 잊지 않겠습니다.

기 자 집으로 돌아가셔서 남편 분과 행복하게 사시길 바랍니다. 김은애 씨가 석방된 현장에서 이 기자였습니다.

억울한 죄인을 만들지 마라, 조선 시대 수사 3원칙

진행자 김은애 씨의 이야기를 들어보니 정말 억울할 만하네요. 지금도 인터넷에 헛소문과 가짜 뉴스를 퍼뜨리는 사람이 있는데요, 사람은 칼로만 죽이는 게 아니라 말과 글로도 죽일 수 있다는 것을 잊지 말아야 합니다. 이제 마지막으로 조선 시대 때 얼마나 철저하게 수사를 했는지 알아봤으면 좋겠는데요, 미녀 검사가 아니라 그냥 검사 출신 강 변호사님께서 소개해 주시죠.

변호사 저 미녀 검사 맞고요, 조선 시대 때 살인 사건을 조사할 때는 사망 원인을 명확히 밝히는 것이 첫 번째 원칙이었어요. 이 원칙을 지키기 위해 과학적인 기법이 동원됐죠. 술 찌꺼기로 시신을 깨끗이 닦아내고 살폈는데, 시신의 상처가 잘 보이지 않을 때는 끓인 술과 식초를 붓고 물로 씻어 내면 눈에 잘 보이지 않던 상처의 흔적이 나타나죠. 그걸 보고 사망 원인을 좀 더 명확히 판단할 수 있어요. 독극물에 중독돼서 죽은 것이 의심되면 시신의 목구멍에 은비녀를 넣고 입을 종이로 봉해요. 은비녀를 다시 꺼냈을 때 검푸른 색으로 변해 있으면 독살당한 거예요.

진행자 그럼, 두 번째와 세 번째 원칙은 무엇인가요?

변호사 두 번째 원칙은 증언과 물증을 확보하는 거예요. 목격자 진술과 범행에 사용된 흉기 등의 물증이 있어야 살인을 증명할 수 있으니까요. 세 번째 원칙은 반드시 용의자의 자백을 받아내야 한다는 거예요. 목격

> 조선 시대 수사의 첫 번째 원칙은 사망 원인 밝히기,
> 두 번째 원칙은 증언과 물증 확보하기,
> 세 번째 원칙은 용의자의 자백받기입니다.

자의 증언과 물증이 있어도 피의자가 자백하지 않으면 처형하지 못했어요. 예나 지금이나 사람을 죽였다고 순순히 자백하는 경우는 거의 없죠. 그래서 수사와 재판을 맡은 고을 수령과 형조 관리들은 범인에게 자백을 받아내기 위해 증거와 증언을 들이밀면서 애를 쓰죠. 곤장을 쳐서 용의자의 자백을 받아내곤 하는데요, 그래서 진행자께서 말씀하신 원님 재판 소리가 나오기도 했죠.

진행자 어쩜, 그렇게 일목요연하게 조선 시대 수사 3원칙을 잘 설명해 주세

왕여의 《무원록》 중국 원나라 때 간행된 법의학서로, 조선 전기부터 이용되었습니다.

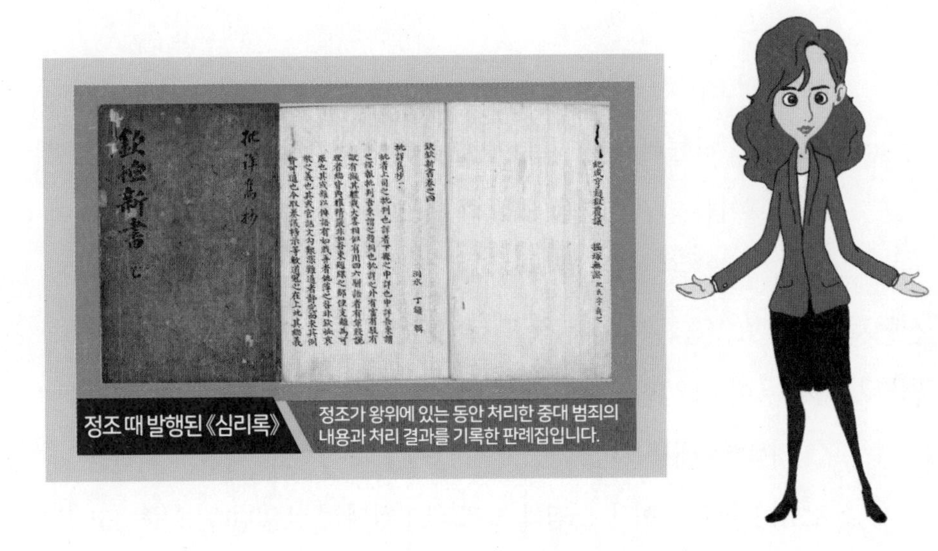

정조 때 발행된《심리록》 정조가 왕위에 있는 동안 처리한 중대 범죄의 내용과 처리 결과를 기록한 판례집입니다.

요? 수사와 재판에 활용한 조선 3대 형법 교과서가 있다는데 소개해 주실래요, 어느 분이?

평론가 역사서니까 제가 하겠습니다. 수사와 재판에 참고한 책으로《무원록》,《심리록》,《흠흠신서》를 들 수 있습니다.《무원록》은 중국 원나라 때 간행된 법의학서입니다. 무원이란 억울함이 없도록 한다는 뜻인데, 이 책에는 시신 상태를 통해 사망 원인을 규명하는 법, 상흔의 위치와 깊이에 따라 범인을 추정하는 법 등 과학 수사의 기초가 담겨 있는 책이죠. 지방 수령들은 살인 사건을 수사하는 데《무원록》을 참고서로 활용했습니다.

진행자《무원록》이 그런 책이었군요. 다음은요?

평론가 다음은《심리록》인데, 정조가 왕위에 있는 동안 처리한 중대 범죄의 내용과 처리 결과를 기록한 판례집입니다. 여기에는 1775년부터 1799년까지 일어난 살인, 강도 같은 중범죄 1,850여 건의 기록이 실려 있습니다. 정조는 사형을 받은 죄인 1천여 명 가운데 36명만 사형 판결을 내렸다고 하는데, 이는 다른 왕들에 비해 굉장히 낮은 비율입니다. 정조의 뛰어난 인권 의식을 엿볼 수 있으며 사람 목숨을 얼마나 귀히 여겼는지도 알 수 있습니다.

진행자 그렇군요. 《흠흠신서》는 어떤 책인가요?

평론가 정약용이 지은 형법 연구서이자 살인 사건에 관한 실무 지침서입니다. 《심리록》의 내용 일부와 중국의 판례를 수록하고, 자신의 의견을 담았습니다. 흠흠이란 조심하고 또 조심한다는 뜻입니다. 신중하고 또 신중하게 수사에 임해 사건의 진실을 밝혀내야 한다는 마음을 담은 책이라고 할 수 있습니다.

진행자 이제 마칠 시간입니다. 강 변호사님, 조선 시대 수사와 재판에 있어 꼭 짚고 넘어가야 할 점 몇 가지만 정리해 주시죠.

변호사 첫째 조선의 지방 수령은 경찰이자 검찰인 동시에 판사 역할까지 하는 막강한 권력을 행사했다는 점, 둘째 살인 사건의 경우 고을 수령이 초검과 재검을 실시했으며, 이런 내용을 토대로 관찰사가 1심, 형조가 2심, 임금이 최종 3심 판결을 내렸다는 사실이에요. 이런 과정을 통해 억울한 백성이 한 사람이라도 나오지 않게 하려는 뜻이었습니다. 조선 사법 체계의 철학을 엿볼 수 있는 대목입니다.

진행자 말씀 고맙습니다. 수사와 재판을 맡은 검사와 판사들은 한 사람도 억울함이 없도록 공정하게 수사와 재판에 임해야 합니다. 그런데 너무나도 당연한 일이 어렵기는 합니다. 또한 그에 못지않게 범죄를 숨기려는 자들의 죄상을 철저하게 파헤치고, 냉정하게 판결하는 노력도 필요해 보입니다. 더도 말고 덜도 말고 조선 시대 정약용처럼, 정조처럼만 해 주길 바랍니다. 《히스토리 톡톡》을 마치겠습니다. 다음 주에 뵙겠습니다.

조선 시대는 살인 사건이 일어나면
한 사람이라도 억울한 일을 당하지 않도록
삼복제를 두었습니다.

9
형벌 제도

형벌 제도란

조선 시대에, 죄인을 처벌하던 태형, 장형, 도형, 유형, 사형을 말합니다. 태형은 죄인의 볼기를 작은 형장으로 치던 형벌이고, 장형은 죄인의 볼기를 큰 형장으로 치던 형벌로, 육십 대부터 백 대까지 다섯 등급이 있었습니다. 도형은 죄인을 중노동에 종사시키던 형벌로, 일 년, 일 년 반, 이 년, 이 년 반, 삼 년의 다섯 등급이 있었습니다. 유형은 죄인을 귀양 보내던 형벌로, 죽을 때까지 유배지에 머무르게 하는 것이 원칙이었으나 감형되거나 사면되는 경우도 있었습니다. 사형은 죄인을 죽이는 형벌로, 목을 베는 참형이 가장 많았습니다.

진행자 시청자 여러분 안녕하십니까? 《히스토리 톡톡》 시간입니다. 지난 시간에는 조선 시대 수사와 재판 제도에 대해 알아보았습니다. 오늘은 죄를 지은 사람이 재판 이후 어떤 벌을 받는지 조선 시대의 형벌 제도를 중심으로 알아보겠습니다. 오늘도 역사 평론가 정두식 교수님, 법률 전문가 강혜영 변호사님 나오셨습니다. 안녕하십니까?

평론가 안녕하십니까?

변호사 안녕하세요?

진행자 저는 지난 시간에 조선 시대의 수사와 재판 과정을 살펴보면서 깜짝

놀랐습니다. 조선 시대에도 지금 못지않게 철저하고 정교하게 수사와 재판을 진행한다는 걸 알았고요, 특히 정조가 살인 사건 판결을 두고 깊게 고민하는 모습도 인상적이었어요. 법학을 전공하신 강 변호사님, 형벌 제도는 언제부터 있었나요?

변호사 아마도 선사 시대에도 씨족 사회를 유지하는 데 필요한 규범이 있었을 거예요. 하지만 기록이 없기 때문에 선사 시대 사람들이 죄를 지으면 어떤 벌을 받았는지는 알 수 없어요. 법률에 형벌에 관한 규정이 있다는 것이 처음 알려진 나라는 고조선이에요.

진행자 고조선이라면 단군이 세운 우리 민족 최초의 국가 아닌가요. 그 시절 형벌에 관한 기록이 남아 있다고요?

변호사 우리 역사서에는 기록이 남아 있지 않고요, 중국의 역사서인 《한서》 지리지에 의하면 고조선에 여덟 조항의 법이 있었다고 기록되어 있어요. 이 법이 8조법이에요.

진행자 《한서》 지리지라는 책이 계속 나오는데요, 이 책은 무슨 책입니까?

평론가 중국 전한(前漢)의 역사서입니다, 전한은 기원전 202년에 유방이 세운 나라인데, 《한서》는 229년간의 역사를 기록하였습니다. 이 책에 우리

> *“우리나라 역사에서 형벌에 관한 법률이 있다는 것이*
> *처음 알려진 나라는 고조선입니다.”*

고조선

우리나라 **최초**의 **국가**입니다. 기원전 2333년 무렵에 **단군왕검**이 세운 나라로, 중국의 요동과 한반도 서북부 지역에 자리 잡았습니다. 단군 신화에 의하면 단군왕검은 천제의 아들 환웅과 웅녀 사이에서 태어났다고 합니다. 고조선이라는 이름은 이성계가 세운 조선과 구별하기 위해 옛날 조선이라는 뜻으로 쓰기 시작한 이름입니다. 고조선은 기원전 108년에 중국 한의 침입으로 멸망하였습니다.

나라 역사가 기록되어 있어서 우리나라 역사를 연구할 때 도움이 됩니다.

진행자 한의 역사책이었군요. 그럼, 이제 8조법을 소개해 주시겠습니까?

변호사 지난 시간에도 잠깐 소개를 드렸는데요, 《한서》 지리지에 여덟 조항 중에서 세 조항만이 기록되어 있어요. 첫째, 사람을 죽인 자는 사형에 처한다. 둘째, 남을 다치게 한 자는 곡물로 배상한다. 셋째, 남의 물건을 훔친 자는 노비로 삼으며 풀려나려면 50만 전을 내야 한다.

진행자 상당히 구체적이네요. 강 변호사님, 고조선 이후에 형벌 제도는 어떻게 변천했는지 말씀해 주세요.

평론가 잠깐만요, 그전에 고조선의 8조법의 의미를 짚고 넘어가야 합니다. 우리나라 최초의 법률이 어떤 의미가 있는지 정도는 알아야 하지 않겠습니까?

진행자 정 교수님은 잠시 쉬시라니까요.

평론가 아닙니다. 이 부분은 꼭 짚고 넘어가야 합니다. 남을 다치게 한 자는 곡물로 배상한다, 이 조항의 의미는 고조선 사회는 각자 자기 재산, 즉 사유 재산이 있었다는 뜻입니다. 역사적으로 보면 선사 시대는 사유 재산이 없었거나 막 생기기 시작했거든요. 또 하나, 남의 물건을 훔친 자는 노비로 삼는다고 했는데, 이 조항은 사람과 사람 사이에 위아래가 있는 계급 사회였다는 뜻입니다. 그전에는 계급이 없었어요. 이러한 조항들로 미루어 보아 청동기 시대에 사유 재산과 계급이 생겨났다는 것을 알 수 있습니다.

진행자 역시, 정 교수님이네요. 법과 제도에서 역사적 의미를 짚어 주시는 통찰력! 이래서 제가 정 교수님을 좋아하잖아요. 그런데 무슨 얘기하다 계급 얘기가 나왔나요? 아, 고조선 이후 형벌 제도의 변천 과정을 이야기하려다 말았죠. 강 변호사님 말씀해 주시죠.

변호사 아이참, 흐름이 중요한데 정 교수님 때문에……. 아무튼 고조선 이후 형벌 제도는 삼국 시대, 고려 시대, 조선 시대를 거치며 오늘에 이르렀는데요, 오늘날 형벌의 종류에는 크게 생명형, 자유형, 재산형, 명예형이 있어요. 여기서 생명형은 사형, 자유형은 징역, 재산형은 벌금, 명예형은 자격 상실과 같은 거예요.

진행자 그렇군요. 그럼 조선 시대는 어떤 형벌 제도가 있었는지 자세히 알아보도록 하죠. 잠깐만요, 지금 조선 시대에 나가 있는 이 기자가 급히 전할 소식이 있다고 하네요. 무슨 일인지 현장을 연결하겠습니다. 이 기자, 소식을 전해 주시죠.

현장 인터뷰
저잣거리에 소 다섯 마리가 나타난 까닭

저는 지금 큰 죄를 지은 죄인이 처형된다는 제보를 받고 한양의 저잣거리에 나와 있습니다. 사람들 사이에 팽팽한 긴장감이 감돌고 있습니다. 이곳에서 사형 집행이 이뤄질 예정이라고 합니다. 잠시 후, 시작되는 처형 장면을 중계해 드리겠습니다.

기 자 포승줄에 두 손을 묶인 죄인이 끌려 나오고 있습니다. 사형 집행인들이 죄인을 형장 한가운데로 끌고 가서 목과 두 팔, 두 다리, 모두 다섯 군데를 밧줄로 묶어 소에 매달고 있군요. 드디어 의금부 도사의 명이 떨어졌습니다. 소 다섯 마리가 다섯 방향으로 움직이기 시작합니다. 죄인의 몸이 머리, 몸통, 두 팔, 두 다리, 모두 여섯 조각으로 찢겨집니다. 정말 참혹한 광경입니다. 너무 끔찍해서 더 이상 중계하기 어려울 것 같습니다. 형 집행을 맡은 관리와 잠시 이야기를 나눠 보겠습니다. 이게 능지처참이라고 하는 무서운 형벌인가요?

관 리 아니오. 이 형벌은 거열형이라 하오. 거열형과 능지처참을 혼동하던데 엄밀히 말하면 능지처참은 천천히 고통을 최대한 오래 느끼도록 칼로 팔다리를 조금씩 자르는 형벌이지요. 능지처참의 고통에 비해 거열형은 아무것도 아니오.

기 자 이보다 더 잔혹한 형벌이 있다니, 믿을 수 없네요. 그런데 저 사람은

허균

조선 광해군 때의 문신으로, 한글 소설 《홍길동전》을 쓴 작가입니다. 서자를 차별 대우 하는 사회 제도에 반대하였으며, 광해군의 폭정에 항거하기 위하여 서인을 규합하여 반란을 계획하다 발각되어 목숨을 잃었습니다.

무슨 죄를 지었기에 저토록 참혹한 방법으로 사형을 시키는 겁니까?

관 리 저 죄인은 대역죄인 역모를 저질렀소. 나라를 엎으려고 반란을 꾸민 게지요. 역모는 거열형으로 처형하는 게 조선의 법이라오.

기 자 아무리 죽을죄를 저질렀다고 해도 거열형은 너무하단 생각이 드네요. 그런데 저 죄인은 누군가요?

관 리 허균 대감이오. 얼마 전 허균 대감이 자기 세력을 모아 반란을 일으킬 거라는 벽서가 한양에 붙어서 그를 긴급 체포한 뒤 사형에 처하는 것이지요.

기 자 허균이라면 조선의 천재 학자이자, 한글 소설인 《홍길동전》을 지은 분이 아닙니까?

관 리 홍길동이 누군지 난 모르오. 그럼 난 바빠서 난 이만.

기 자 너무 속이 거북해서 더 이상 중계를 하지 못할 것 같습니다. 이상 조선 시대 사형 집행 현장에서 이 기자였습니다.

대역죄인을 처벌하는 가장 끔찍한 형벌, 거열형과 능지처참

진행자 아, 보는 제가 다 속이 다 울렁거릴 정도네요. 교수님, 거열형을 당해서 몸이 여섯 조각으로 갈라지면 그다음에는 어떻게 처리하나요?

평론가 머리는 장대에 매달아 저잣거리에 높이 매답니다. 효시라고 하지요. '역모를 꾀하면 어떻게 되는지 똑똑히 봐라.' 이런 뜻입니다. 팔과 다리는 조선 팔도 각 지방에 보내 전시를 하고요.

진행자 정말 너무 끔찍하고 잔인합니다. 거열형은 사람을 두 번 죽이는 아주 강력한 형벌이군요. 그런데 정 교수님, 조선 시대 때 거열형이 자주 집행됐나요?

평론가 옛날에는 역모는 무조건 사형에 처해지는 가장 무거운 죄였습니다. 거열형은 조선 시대 때 몇 차례 집행됐다고 하는데요, 단종을 다시 왕위에 앉히려다 세조에게 목숨을 잃은 사육신 있지 않습니까? 사육신이 거열형을 당했다고 전해지고요, 갑신정변의 주역인 김옥균은 갑신정변 실패한 뒤에 일본과 중국으로 떠돌다가 암살당한 뒤에 시신으로 돌아와 능지처참을 당했습니다. 동학 농민 운동의 지도자 가운데 한

> *"조선 시대에는 반역을 꾀하는 역모가 가장 큰 죄였으며 역모가 발각되면 사형에 처해졌습니다."*

사람인 김개남 역시 능지처참을 당했고요.

진행자 그런데 우리가 흔히 능지처참이라고 알고 있는 형벌이 실은 거열형이라고요?

평론가 그렇습니다. 능지처참은 너무 잔인해서 거열형으로 대신하는 경우가 많았습니다. 그래서 능지처참과 거열형이 엄격하게 구분되지 않아 혼동이 생긴 것입니다.

진행자 그럼 조선에서는 사형수는 모두 몸을 찢어 죽였나요?

평론가 그렇지 않습니다. 사형에는 목을 매달아 죽이는 교수형, 목을 자르는 참형 등이 있었는데, 왕족이나 사대부에게는 그들의 신분을 생각해 사약을 내려 목숨을 끊도록 했습니다.

조선의 다섯 가지 형벌, 태장도유사

진행자 알겠습니다. 오늘은 제가 너무 충격을 받아서 정신이 좀 없네요. 지금부터 차근차근 형벌 제도에 대해 짚어 보겠습니다. 강 변호사님, 조선의 형벌 종류에는 어떤 것들이 있나요?

변호사 태장도유사, 다섯 가지입니다.

진행자 태장도유사? 무슨 도사 이름입니까?

변호사 태형, 장형, 도형, 유형, 사형, 이렇게 다섯 가지 형벌을 말하는 거예요. 태형과 장형은 회초리나 곤장 같은 걸로 죄인의 엉덩이를 치는 형벌을, 도형은 일정 기간 동안 옥에 가두는 형벌을 말해요. 도형은 오늘날의 징역형과 같아요. 유형은 죄인을 유배 보내는 형벌, 사형은 죄인의 목숨을 끊어 버리는 형벌이에요. 태장도유사, 쉽죠?

진행자 아니요.

변호사 진행자님, 학교 다닐 때 외우는 거 못하셨죠? 이거 아주 쉬운 건데. 태형과 장형은 경범죄를 저지른 사람에게, 도형과 유형은 중죄를 저지른 사람에게 내린 형벌입니다. 사형은 역모와 살인을 저지른 사람이 받는 형벌이고요.

진행자 그런데 경범죄는 뭐고 중죄는 뭔가요?

변호사 같은 도둑질이라도 시장에서 떡 하나 훔쳐 먹는 건 경범죄에 해당되죠.

종류	죄목	내용
태형	경범죄	태 10~50대
장형	경범죄	장 60~100대
도형	중죄	1~3년 징역형
유형	중죄	2,000~3,000리 유배
사형	역모·살인	교수형·참형·거열형

> *노비가 주인을 죽이거나 자식이 부모를 죽이는 것 같은 인륜을 저버린 강상죄는 무조건 사형에 처해졌습니다.*

이런 경우 작은 회초리인 태나 태보다 큰 회초리인 장을 맞고 끝나요. 하지만 떼를 지어 부잣집을 턴다거나 이러면 중죄에 해당되기 때문에 옥에 가두거나 먼 지역으로 유배를 보냈죠. 살인을 저지르면 사형인데, 지난 시간에 노파를 살해한 김은애 사건처럼 정상을 참작해 형을 감해 주기도 하죠. 그런데 강상죄라고 하여서 노비가 주인을 죽이거나 자식이 부모를 죽이는 인륜을 저버린 범죄는 무조건 사형이라고 보면 돼요.

평론가 강 변호사가 설명을 잘해 주셨는데, 제가 강상죄에 대해서 좀 더 설명을 드리겠습니다. 충효를 중시하는 유교 사회였던 조선에서 강상죄는 결코 용서받지 못할 중죄였습니다. 강상죄를 저지른 죄인은 사형을 당했을 뿐만 아니라 죄인의 아내와 자식은 노비가 되고, 집은 부수어 연못을 만들었습니다. 한마디로 가문 전체가 멸망했습니다. 이를 멸문지화라고 하죠.

진행자 그렇군요. 역시 정 교수님께서는 조선의 형벌 제도를 통해 조선의 정치 이념까지 설명해 주시네요. 또 하나 궁금한 게 있는데, 사극을 보면 곤장으로 볼기를 치는 장면이 많이 나오잖아요. 곤장은 태와 장과 다른 건가요?

변호사 네, 곤장은 곤형 때 쓰는 몽둥이로, 태형 때 쓰는 태나 장형 때 쓰는 장과는 달라요. 태나 장보다 훨씬 길고 넓적하게 만들었어요. 곤형은 조선 후기에 만들어진 형벌이에요. 태형, 장형과 마찬가지로 죄인을 엎어 놓고 곤장으로 볼기와 허벅다리를 번갈아 치는 형벌이었지요. 곤형은 태장도유사 다섯 가지 형벌에 속하지 않는 별도의 형벌이었어요. 그런데 곤장은 태형과 장형에 비해 훨씬 가혹한 형벌이에요. 제가 곤형에 쓰는 곤장을 가져 왔거든요. 진행자님, 잠깐 엎드려 보실래요. 곤장 맛이 어떤지 제가 보여 드릴게요.

진행자 지금 장난해요? 무서우니까 저리 치우세요.

변호사 겁이 많으시네요. 하기사 겁먹어야 할 만큼 무서운 도구이긴 해요. 곤장을 10대 맞으면 살이 터지면서 피가 나기 시작하고요, 30대 이상 맞으면 죽기 직전에 이르죠. 그래서 나라에서는 지방 수령에게는 곤장을 함부로 치지 못하게 했어요. 곤장은 군대나 포도청 등에서 중죄를 저지른 죄인을 처벌할 때 사용했어요.

진행자 그럼 사극에서 사또가 '저놈을 매우 쳐라!'라고 하는 것은 사실과 다른 거네요.

변호사 반은 맞고 반은 틀린 거예요. 지방 군현에서는 태형 같은 형벌만 수령이 직접 처리할 수 있었고요, 태형보다 큰 벌은 지방 감영에서, 오늘날 도청 소재지 같은 곳이죠, 관찰사의 지시를 받아야 했어요. 그런데 간혹 성질 더러운 수령들이 규정을 무시하고 곤장을 쳐서 백성들 죽

〈죄인이 태장을 맞는 모양〉, 김준근

곤형에 쓰는 곤장

이는 경우도 있었어요. 그리고 죄인을 심문하는데, 죄인이 죄를 쉽게 인정하지 않으면 곤장을 쳐서 자백을 받아 내곤 했죠.

진행자 곤장 맞을까 봐 강 변호사님과 이야기를 더 못하겠어요. 정 교수님, 도형과 유형에 대해서 간단히 설명해 주세요.

평론가 옥에 가두는 도형도 괴로운 형벌입니다. 오죽하면 정약용이 감옥을 이승에서의 지옥이라고 했겠습니까? 춥고 덥고 배고프고 목에는 형틀인 칼을 차고, 그렇게 몇 년을 옥에 갇혀 있다 보면 거기가 바로 지옥이 되는 거죠. 도형을 받은 죄인은 대부분 장형도 함께 받았습니다.

진행자 그럴 만도 하겠네요. 그럼, 유형은요? 멀리 유배 가느라 고생은 되겠지만 옥에 갇히는 도형보다는 천국일 거 같은데요?

평론가 그렇지도 않습니다. 유형은 원칙적으로 종신형으로, 죽을 때까지 유배지에서 지내야 합니다. 물론 중간에 왕이 사면을 해 주면 유배에서 풀려나기도 합니다만, 원칙이 그래요. 유형 중에는 위리안치라고, 탱자나무처럼 가시가 있는 나무로 울타리를 만들어 죄인을 그 집 안에 가두는 벌이 가장 센 벌입니다.

태장도유사보다 지독한 형벌은?

진행자 지금까지 태장도유사, 조선 시대 다섯 가지 형벌에 대해 알아봤는데요, 이 밖에 다른 형벌도 있었나요?

변호사 네, 있었어요. 대표적으로 주리가 있어요. 사극에서 '저놈의 주리를 틀어라!'라고 하는 말 자주 들어보셨을 텐데요, 주리는 의자에 앉은 죄인의 두 다리를 묶고 다리 사이에 막대기 두 개를 끼워서 비트는 형벌이에요. 다리가 부러지는 무시무시한 형벌이죠. 압슬이란 형벌도 있는

데, 죄인을 기둥에 묶은 뒤 무릎을 꿇리고 무릎 아래 사금파리 등을 깐 뒤 무릎 위를 무거운 돌로 누르는 잔인한 고문 방법이에요.

진행자 말만 들어도 무시무시하고 잔인한 형벌이네요. 주리와 압슬 말고도 또 있나요?

변호사 낙형이라고도 하는 단근질도 있어요. 불에 달군 쇠로 몸을 지지는 형벌이에요. 이것도 사극에 많이 나오는 고문 방법이죠. 얼굴이나 이마에 먹물로 죄명을 문신처럼 새겨 넣는 경형도 있어요. 다른 말로 '자자형'이라고 하는데요, 육체적 고통을 주면서 사람들에게 손가락질을 받

〈주리 트는 모양〉, 김준근

주리를 틀, 경을 칠, 육시랄 같은 욕은 조선 시대 형벌에서 비롯된 말로 사람에게는 함부로 쓰지 말아야 합니다.

게 하는 형벌이죠. 버릇없이 나쁜 행동을 하는 사람을 나무랄 때 '경을 칠 놈'이라고 하잖아요. 그 말이 이 형벌에서 비롯된 거죠.

진행자 '경을 칠 놈'이라는 말이 그런 뜻이군요. 사람들에게 함부로 쓰면 안 되는 말이네요. 그런데 '경을 칠 놈'처럼 형벌에서 비롯된 욕이 또 있나요, 강 변호사님?

변호사 '육시랄'이라는 욕도 있어요. '육시'란 죽은 사람의 시신을 묘에서 파내 다시 목을 베는 형벌을 말해요. 앞서 거열형 집행 장면 보셨는데, 그때도 육시를 하죠. 그러니까 육시랄 같은 말은 절대 쓰면 안 될 거 같아요.

조선은 엄격한 법치 국가

진행자 말씀 잘 들었습니다. 조선의 형벌에 대해 이야기를 나눠 봤는데요, 잔인하고 끔찍한 형벌도 많은 거 같아요.

평론가 사람들은 사극을 보고서 조선에서는 수령 말 한마디에 백성들의 목숨이 왔다 갔다 했을 거라 생각하는데, 사실은 철저한 심문 절차를 거쳐 판결을 내리고 그 죄에 맞는 벌을 내렸습니다. 죄인이라고 무조건 인권을 무시당하지도 않았습니다.

진행자 정말인가요? 예를 들면요?

평론가 세종은 죄인도 백성이라며 여름용 감옥과 겨울용 감옥을 따로 짓게 하고, 여자 죄수와 남자 죄수의 감옥도 따로 만들었습니다. 영조는 가혹한 고문을 없앴고, 정조는 형벌에 쓰이는 형구의 크기를 통일해 죄인을 심하게 고문하지 못하도록 했습니다. 물론 심한 고문이 행해지기도 하고, 그 때문에 억울한 누명을 쓰고 죽는 사람도 있었습니다. 그렇더라도 조선 시대는 최소한의 인권을 지켜 주려고 한 것 또한 사실입니다.

진행자 아, 조선은 제가 생각하던 것처럼 인권이 없는 사회는 아니었네요. 지금과 견주어도 크게 뒤처지지 않은 것 같군요.

평론가 그렇습니다. 우리나라에서도 잔인한 고문이 사라진 것이 그리 오래된 일이 아닙니다. 독재 정권 치하에서는 잔인한 고문이 적지 않게 이루어졌으니까요. 경찰 조사를 받던 대학생이 물고문으로 목숨을 잃은 게 불과 30년밖에 되지 않습니다. 대학생을 고문해 죽인 경찰, 사건을 담당한 검사, 고문 사실을 숨기려 한 정부와 대통령, 이런 사람들은 조선 시대 법을 다루는 관리만도 못한 사람들이죠. 권력을 이용해 무고한 사람을 고문하는 사회는 절대 용납해서는 안 될 것입니다. 하, 온몸이 쑤시기 시작하는 게, 비가 오려나. 제가 민주화 운동을 하다가 잡혀가서 고문을 받아서…….

진행자 교수님, 얼른 들어가 쉬시고요, 정리하겠습니다. 대한민국은 법치 국가입니다. 모든 국민은 법 앞에 평등하며, 잘났든, 못났든, 가난한 사람이든, 돈이 많은 사람이든 죄를 지으면 똑같이 처벌을 받습니다. 공평하고 엄격한 법 집행이야말로 깨끗한 사회, 공정한 사회로 나가는 지름길이 아닐까 하는 생각이 듭니다. 대한민국 사전에서 유전무죄, 무전유죄라는 단어가 완전히 사라질 때까지 검사님들, 판사님들 파이팅! 오늘 《히스토리 톡톡》을 마치겠습니다. 지금까지 시청해 주신 여러분, 감사합니다. 두 분도 고생 많으셨습니다. 다음 주에 뵙겠습니다.

조선 시대는 죄인에게 형벌을 내릴 때
엄격한 절차에 따랐으며
죄인의 인권도 무시하지 않았습니다.
공평하고 엄격한 법 집행이야말로 공정 사회로
나아가는 지름길입니다.

10
암행어사

암행어사란

조선 시대에, 임금의 특명을 받아 지방을 비밀리에 돌아다니며 지방 수령의 잘잘못을 감찰하고, 백성의 어려움을 살피던 관리입니다. '암행'이란 비밀리에 돌아다닌다는 뜻이고, '어사'란 임금의 명령을 수행하는 관리를 가리킵니다. 암행어사로 임명되면 봉서, 사목 한 권, 마패 한 개, 유척 두 개를 지급받아서 잘못을 저지른 수령을 파직할 수 있는 권한을 위임받습니다. 봉서는 어사가 임무를 받은 지역과 임무가 적혀 있는 비밀 편지이고, 사목은 암행어사가 할 일을 적어 놓은 책이었습니다. 마패는 역에서 말을 빌리거나 역졸을 부릴 수 있는 권한을 증명하는 패였고, 유척은 시체를 검시할 때는 쓰는 자였습니다.

진행자 안녕하십니까, 시청자 여러분? 《히스토리 톡톡》 시간입니다. 벌써 열 번째 시간인데요, 그동안 조선의 법과 제도를 살펴보다 보니 조선 시대는 우리가 생각했던 것보다 법과 제도가 앞선 나라였다는 것을 알 수 있었습니다. 특히 수사와 재판, 형벌 제도에서 철저했습니다. 그럼에도 조선 시대에는 지방의 탐관오리가 자기 잇속을 챙기려고 백성들을 수탈하는 사건이 적지 않았습니다. 조선은 탐관오리를 잡아내 벌주기 위해 어떤 노력을 했을까요? 오늘은 지방 탐관오리들의 비리를 적발하기 조선의 임금이 꺼내든 비장의 카드, 암행어사에 대해 알아

박문수

조선 영조 때의 문신입니다. 부패한 관리를 혼내 주는 **암행어사**로 이름을 날렸습니다. 함경도에 진휼사로 나가 경상도의 곡식 1만 섬을 실어다가 굶주림을 겪는 백성들 구제하여 송덕비가 세워졌습니다. 호조 판서로 있을 때는 균역법을 만드는 데 힘썼습니다. 암행어사를 하면서 생긴 일화와 민담이 많습니다.

보겠습니다. 《히스토리 톡톡》의 해와 달, 정두식 교수님과 강혜영 변호사님 모셨습니다. 강 변호사님, 암행어사 하면 무엇이 제일 먼저 떠오르세요?

변호사 문수 오빠죠, 어사 박문수. 제가 검사가 될 수 있었던 것도 어사 박문수 덕분이에요. 제가 어렸을 적에 《어사 박문수》를 읽고서 검사가 돼야겠다고 마음먹었거든요.

진행자 네. 정 교수님은요?

평론가 이몽룡과 성춘향입니다.

진행자 아! 《춘향전》 말씀하시는 거군요. 암행어사 이몽룡이 남원 고을에 출두해 못된 변 사또를 혼내 주는……. 그런데 정 교수님, 보기보다 문학적이시네요.

평론가 보기보다라니요. 제가 이래 봬도 〈이상한 문학상〉을 수상한 작가입니다. 역사란 무엇이겠습니까? 모두 옛날이야기죠. 옛사람들이 살았던 이야기, 그러니까 역사는 삶의 문학입니다. 그래서 제가 역사를 전공했는지 모르겠습니다만.

진행자 그렇죠. 역사가 옛사람들의 이야기가 맞죠. 그런데 〈이상한 문학상〉이라는 것도 있나요?

변호사 진행자님도 참, 보기보다 순진하시네요. 아직도 정 교수님의 아재 개그에 넘어가시다니……. 어서 본론으로 들어갑시다. 누구나 다 알지만 아무도 제대로 알지 못하는 암행어사, 조선은 왜 암행어사 제도를 만들었을까요? 이 제도의 효과는 있었을까요? 정 교수님, 시작해 주실래요?

진행자 강 변호사님! 지금 뭐 하시는 거예요? 토론자가 진행을 하시면 어떡합니까? 강 변호사님이 제 자리를 노리시는 줄은 몰랐습니다. 그건 다음에 따지고요, 오늘의 본론으로 들어가죠. 정 교수님께서는 암행어사 제도가 왜 생겼는지부터 설명해 주세요.

오늘날 암행 단속 경찰과 조선 시대 암행어사

평론가 제가 문학가답게 비유를 들어보겠습니다. 고속도로를 레이서처럼 규정 속도를 지키지 않고 질주하는 자동차가 있다고 합시다. 그 자동차는 경찰차가 보이지 않자 신나게 달립니다. 그때 사이렌을 울리는 평범한 자동차가 나타나 과속하던 자동차를 갓길에 세웁니다. 사이렌을 울리던 자동차는 고속도로 암행 순찰차였습니다. 암행 순찰차는 경찰차를 보통 승용차처럼 꾸며서 고속도로를 달리는 자동차가 과속을 하는지 교통 위반을 하는지 감시하는 경찰차입니다. 경찰차가 없는 줄 알고 자동차들이 과속을 하다가 걸리는 거, 이게 바로 암행어사 효과라고 할 수 있습니다.

진행자 역시 정 교수님, 날카로운 평론에 적절한 비유까지 탑재하시니까 따라올 자가 없겠는데요. 암행어사는 고속도로 암행 순찰차와 같다, 이런 말씀이시죠?

변호사 그런 것이 암행 단속이 주는 효과예요. 언제 어디서 자신을 감시하고 있을 줄 모르니까 죄를 지으면 안 되겠다는 경각심이 생기겠죠? 암행어사 제도는 그런 효과를 노린 게 아닌가 싶어요.

진행자 그렇군요. 정 교수님, 암행어사의 뜻부터 설명해 주실래요?

평론가 암행은 몰래 다닌다는 뜻이고, 어사는 왕의 명령으로 특별한 임무를 띠고 지방에 파견된 임시직 관리를 말합니다. 그러니까 암행어사란 왕의 특별한 명령을 받아 지방관의 잘잘못을 몰래 탐문하고 백성들의

"행정권, 사법권, 군사권을 가지고 있는 고을 수령들의 잘잘못을 감찰하기 위해서 암행어사가 생겼습니다."

고충을 살피는 임시 관리라고 정의할 수 있습니다.

진행자 그렇군요. 암행어사 제도가 조선 시대에만 있던 제도라고 하던데요, 조선은 왜 암행어사 제도를 만들었나요?

평론가 고을 수령들이 가지고 있는 막강한 권력 때문입니다. 지난 시간에 말했다시피 조선 시대의 고을 수령은 행정권, 사법권, 군사권까지 가진 막강한 권력자였습니다. 오늘날로 치면 시장, 검사, 판사, 연대장을 한 사람이 맡은 것과 같습니다. 정말 어마어마한 권력을 쥐고 있던 거죠. 백성들 입장에서는 수령을 잘 만나면 편안하고, 《춘향전》에 나오는 변 사또 같은 포악한 수령을 만나면 이루 말할 수 없는 고통을 받았습니다. 그러니 조선 정부에서는 고을 수령들이 일을 잘하는지 못하는지 암행어사를 파견해 수령의 잘잘못을 감찰한 겁니다.

진행자 꼭 몰래 숨어 다니며 고을 수령들을 감찰해야만 했나요?

변호사 감찰은 제가 해 봐서 알아요. 제가 미녀 검사로 이름을 날리던 시절에 은밀하게 수사를 시작하는 경우가 있었어요. 확실한 증거를 잡을 필요가 있거나 범죄에 사회적 지위가 높은 사람이 연루되어 있을 때 필요한 수사 방법이죠. 전문 용어로 내사라고 해요. 일단 내사에 들어가면 범죄자가 도망가거나 증거를 은폐하지 못하도록 물밑에서 조용히 움직여야 해요. 그러다가 확실한 증거를 잡았을 때 압수 수색도 하고 체포도 하고 그러는 거예요. 조선 시대 암행어사도 검찰이 내사를 벌이는 것처럼 활동했어요. 고을 수령에게 정체를 들키지 않아야 백성들을 수탈하는 현장을 잡을 수 있으니까요.

> *암행어사 제도는 조선 중종 때부터*
> *본격적으로 파견되었고, 고종 때인 1892년에*
> *마지막으로 파견되었습니다.*

진행자 그렇군요. 경험자의 이야기를 들으니 생생하군요. 그런데 정 교수님, 조선 시대 이전에는 이런 제도가 없었나요?

평론가 신라와 고려 시대에도 지방에 관리를 파견해 수령을 감찰하던 제도가 있었습니다. 하지만 지방으로 내려간 관리가 비밀리에 활동하지는 않았습니다. 암행어사 제도는 조선 성종 때 지방 수령을 제대로 감찰해야 한다는 목소리가 커지면서 나온 아이디어입니다. 중종 때부터 본격적으로 암행어사가 파견되었고, 고종 때인 1892년에 마지막으로 파견되었습니다.

진행자 그럼, 조선에서는 지방 수령을 감시하고 감독하는 게 암행어사 제도밖에 없었나요?

평론가 아닙니다. 조선 팔도에 있는 관찰사가 관할 지역의 수령을 감독했습니다. 목사, 부사, 군수, 현감 이런 수령들을 감시, 감독했는데요. 그런데 보세요, 같은 지역에 있다 보면 서로 잘 알게 되고 좋은 게 좋은 거라고 비리를 눈감아 주고 그러는데 감독이 제대로 되겠어요? 그래서 암행어사를 파견해 특별 감찰에 나선 겁니다. 암행어사는 임금이 직접 선발해 파견하니까 봐주기 없~기!

진행자 어휴! 정 교수님, 안 어울리게 왜 그러세요. 자중하시고요. 지금 이 기자가 한양에서 평안도까지 박 모 암행어사를 밀착 취재하고 돌아왔습니다. 이 기자, 잘 다녀왔나요? 암행어사를 따라다니기가 힘들었다고 들었습니다.

이기자 네, 잘 다녀왔습니다. 아직 젊어서 괜찮습니다. 평소에 운동도 많이 하고요.

진행자 박 모 암행어사를 따라다녔다고요?

이기자 네, 한양에서 평안도까지 암행어사 여정을 따라다니며 암행어사가 하는 일을 옆에서 꼼꼼이 지켜볼 수 있었습니다. 제가 그동안 박 모 암행어사를 따라다니며 느낀 건데요, 박 모 암행어사의 사명감은 대단했습니다. 위로는 임금의 명령을 받들고 아래로는 백성들을 보살피면서 탐관오리를 혼내는 모습은 아주 멋있었습니다.

진행자 우리 함께 암행어사가 어떤 활동을 하는지 함께 지켜보도록 하죠.

관찰사

조선 시대에 각 도에 파견한 가장 높은 벼슬아치입니다. 지금의 도지사와 같습니다. 그 지방의 경찰권·사법권·징세권 등을 가지고 있었습니다. 도내를 순시하면서 1년에 두 차례 중앙에 지방 수령들의 성적을 평가하고 보고하였고, 지방 군대를 통솔하는 임무를 맡았습니다.

현장 인터뷰

암행어사와 함께한 30일

지금 저는 암행어사를 밀착 취재하기 위해서 한양 남대문 밖에 나와 있습니다. 저기 보이는 허름한 옷차림을 한 선비가 바로 오늘의 주인공인 박 모 암행어사입니다. 길을 떠나기 전에 잠깐 인터뷰를 해 보겠습니다.

기 자 암행어사님, 지금 뭐 하시는 겁니까?

암행어사 임금이 내리신 봉서를 보고 있소. 겉봉에 동대문 밖에 이르러 뜯어봐라, 이렇게 적혀 있어서 지금 보는 중이라오.

기 자 그 안에 뭐라 적혀 있나요?

암행어사 박 아무개를 평안도 암행어사로 파견하니 가서 평안도 고을 수령들이 일을 잘하고 있는지 면밀히 감찰하고, 백성들의 어려움도 살피라고 적혀 있구려. 그리고 사목과 마패, 유척도 내려 준다고 적혀 있소.

기 자 마패, 사목, 유척은 어디에 쓰는 것입니까?

암행어사 마패는 내가 지방을 내려가면서 말을 징발할 수 있는 증표요. 내 마패에는 다섯 마리의 말이 그려져 있으니까 다섯 마리의 말을 징발할 수 있소. 그리고 마패는 암행어사의 상징과 같소. 도장으로도 쓰고, 탐관오리를 잡으러 관아를 쳐들어갈 때 꺼내 보이기도 하오. 아마 내가 마패를 척 꺼내서 보이면 동헌에서는 난리가 날 것이오. 사목은 업무 지시 사항을 적은 업무 지침서이고, 유척은 놋쇠로 만든 자인데, 암행하면서 그 고을의 곡식의 분량을 재는 되와 말을 점검하고 시신을 검시할 때 사용하는 것이오. 되와 말로 백성들을 속이는 수령이 있기 때문에 유척은 꼭 필요하오.

기 자 그런데 암행어사는 혼자 다니십니까?

암행어사 아니오. 나를 도와줄 여섯 명의 수행원이 나를 따라 평안도로 내려갈

"암행어사로 임명받으면 말을 빌릴 때 쓰는 마패, 업무 지시 사항을 적은 사목, 도량형을 재는 유척을 가지고 길을 떠났습니다."

것이오. 이들은 나의 명령에 따라 내가 감찰해야 할 지역으로 각자 흩어져 은밀히 정보를 모으는 일을 할 것이오.

기 자 그럼, 저는 직접 평안도까지 따라가면서 박 암행어사의 활약을 지켜보겠습니다.

한달 후

기 자 박 암행어사는 한양을 떠난 지 한 달여 만에 산 넘고 물 건너 이곳 평안도에 있는 한 고을에 도착했습니다. 지금은 환곡을 나눠 주는 창고 앞에 있습니다. 환곡은 아시다시피 춘궁기인 봄에 곡식을 나눠 주고 가을에 갚는 제도입니다. 지금 창고 앞에서 작은 소란이 벌어졌습니다. 무슨 일일까요? 잠깐 농민과 아전의 대화를 들어보겠습니다.

농 민 아니, 곡식에 모래와 쭉정이가 너무 많지 않습니까? 그러고도 가을에는 가장 좋은 곡식으로 갚으라니 너무합니다. 우리 고을에 암행어사가 왔다는 소문이 돌던데 두렵지도 않습니까?

아 전 암행어사? 몇 년에 한 번 오는 암행어사가 지금 올 리가 있겠는가? 올 테면 오라고 해. 잔말 말고 받아 가.

기 자 농민이 울며 겨자 먹기로 모래와 쭉정이가 섞인 곡식을 받아 갑니다. 제가 화가 나네요. 앞으로 어떻게 할 것인지 잠시 암행어사와 인터뷰를 해 보겠습니다. 백성의 고통이 큰 것 같습니다. 앞으로 어떻게 하실 생각이십니까?

암행어사 지금까지 이 고을의 수령이라는 자가 백성들의 고혈을 짜내는 것을 직접 목격했소. 나의 수행원을 통해 증거도 확보했으니, 내일 출두할 생각이오. 어사 출토를 할 때는 역에서 역졸을 징발해서 같이 갈 것이오. 내 이 고을 수령을 가만두지 않겠소.

다음 날

역 졸 암행어사 출두야!

기 자 여기는 고을 관아 앞입니다. '암행어사 출두야!' 소리가 산천초목이 벌벌 떨 정도로 우렁차게 울려 퍼지고 있습니다. 암행어사가 관아로 위풍당당하게 들어갑니다. 아전들이 이리저리 도망가느라 갈팡질팡하는 모습입니다. 얼마 안 있어 도망갔던 아전들이 잡혀 와 동헌 뜰 앞에 좌우로 늘어섭니다. 암행어사가 자리에 앉아 수령의 잘잘못을 따집니다. 심문 과정을 지켜보실까요?

암행어사 그대는 이 고을 수령으로서 백성들에게 과도하게 세금과 환곡을 거둔 사실이 있소?

수 령 죽을죄를 지었습니다. 살려만 주십시오.

암행어사 저자를 창고에 가두어라!

기 자 잘 보셨지요? 그 뒤 암행어사는 수령의 관인과 병부를 압수하고 창고에 봉고라고 쓴 백지에 인장으로 쓰는 마패를 찍고, 창고 문에 붙여 놓았습니다. 그러고는 감옥에 수감되어 있는 죄수 중에 억울한 사람을 찾아내 풀어 주었습니다. 바쁜 업무를 끝낸 암행어사가 저기 오는군요. 잠깐 인터뷰를 해 보겠습니다. 암행어사님, 그동안 고생이 많으셨습니다.

암행어사 당연히 해야 할 일을 했을 뿐이오. 백성들의 고통이 조금이라고 덜어졌다면 그것으로 만족하오. 그리고 아직도 해야 할 일이 많소.

기 자 어떤 일이 남아 있습니까?

암행어사 평안도 관찰사에게 수령이 저지른 잘못을 보고해야 하오. 그래야 관찰사께서 전하께 보고서를 올릴 것이고, 보고서를 받은 전하께서 수령을 파직하고 새 수령을 임명할 수 있소.

기 자 고을 수령의 목을 한칼에 날려 버리는 암행어사. 이래서 암행어사를 탐관오리 잡는 저승사자요, 백성들의 흑기사라고 하나 봅니다. 이상으로 암행 기자, 이 기자였습니다.

“고을 수령의 잘못이 밝혀지면 암행어사는 관찰사에게 보고하고, 관찰사는 왕에게 보고서를 올리면 왕은 그 고을에 새 수령을 내려보냈습니다.”

조선에서 가장 어려운 직업으로 꼽히는 암행어사

진행자 이 기자 정말 고생 많았군요. 이 기자 덕분에 암행어사의 활약을 잘 지켜보았습니다. 이제 들어가십시오.

이기자 네, 고생하십시오.

진행자 암행어사 출두야! 아, 멋지군요. 암행어사가 탐관오리를 혼낼 때는 속이 시원해지는 기분이 들어요. 정 교수님, 박 모 암행어사는 이후 어떤 활동을 하게 되나요?

평론가 다른 고을의 수령을 감시하러 떠납니다.

진행자 어, 다시 몰래 다닌다고요, 이미 암행어사의 신분이 다 밝혀진 게 아닙니까?

평론가 지금 같으면 암행어사의 사진이 인터넷에 퍼져서 세상에 얼굴이 알려졌겠지만 조선 시대는 교통과 통신이 발전하지 않았기 때문에 암행어사가 나타났다는 소문이 나더라도 계속해서 암행을 할 수 있었습니다. 참고로 저분은 평안도에서 암행어사 출두를 세 번 더 하고, 평안감사가 있는 평양을 마지막으로 암행어사의 임무를 끝냈습니다.

진행자 그렇군요. 그럼, 출두를 마치고 돌아오면 암행어사의 업무가 다 끝나는 건가요?

변호사 제가 검사를 해 봐서 아는데요, 수사를 마치면 보고서를 작성해야 해요. 보고서를 작성하려고 몇 날 며칠 고생을 했던 생각이 나는군요. 암행어사도 마찬가지였어요. 한양으로 돌아오면 암행한 지역의 수령들의 잘잘못을 기록한 서계, 암행하면서 파악한 백성의 고충과 열녀, 효자 등을 기록한 별단, 이 두 가지 보고서를 작성해 임금에게 올렸죠.

진행자 제가 암행어사라면 정말 신날 거 같네요. 〈다크 나이트〉의 주인공 배트맨처럼 신분을 감춘 채 정의의 흑기사 노릇을 하니 말이죠. 안 그런가요, 정 교수님?

평론가 그렇지 않습니다. 암행어사는 조선에서 가장 어려운 직업에 꼽힐 정도로 힘든 직업이었습니다.

진행자 예? 이 기자의 동행 취재를 보니까 그리 힘들어 보이지도 않던데요?

평론가 생각해 보세요. 100일 넘게 이 고을 저 고을로 걸어 다녀야 하는 게 얼마나 힘들겠습니까? 하지만 그건 일도 아닙니다. 신분을 숨기는 게 가장 힘든 일이었습니다. 암행어사가 아무리 과거에 낙방한 유생인 척해도, 유배 생활을 마치고 고향으로 돌아가는 선비인 척해도 신분이 탄로 나기 일쑤였죠. 신분이 드러나면 임무를 완수할 수 없지 않겠어

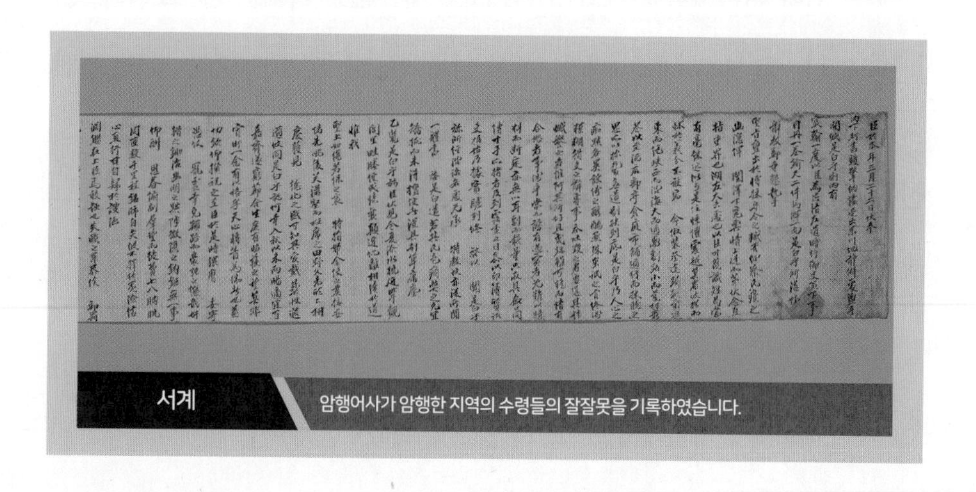

서계 암행어사가 암행한 지역의 수령들의 잘잘못을 기록하였습니다.

요? 제가 저분 자료를 봤는데, 저분이 평안도 암행할 때 이미 암행어사가 내려왔다는 소문이 파다하게 퍼졌다더군요. 그 정도로 소문이 빨라요. 힘든 게 또 있습니다. 먹고 자고 할 돈을 마련하느라 무진 애를 써야 했어요. 하지만 가장 어려운 점은 신분이 노출됐을 때 목숨이 위태로워진다는 사실입니다.

진행자 암행어사의 신분이 드러나면 왜 목숨까지 위태로워진다는 거죠?

변호사 비리를 저지른 수령이나 아전이 처벌받을 것이 두려워 암행어사를 해코지하려고 했거든요. 실제로 암행 도중에 갑자기 죽은 암행어사도 있었다고 해요. 이건 제가 겪어 봐서 아는데요, 제가 특수부에서 범죄 조직을 소탕할 때도 '밤길 조심해라.' 같은 협박을 엄청 받았거든요.

젊고 깨끗하고 유능한 관료가 암행어사로 뽑혀

진행자 아, 그러셨군요. 지금까지 암행어사의 활동과 어려움에 대해 이야기를 나누었는데요, 저는 누가 암행어사로 선발되는지, 암행할 지역은 어떻게 선정되는지가 궁금하네요.

평론가 암행어사의 선발 조건은 매우 까다로웠습니다. 젊고 깨끗하고 유능한 관리가 선발되었습니다. 당연하지 않겠어요? 먼 지역을 돌아다녀야 하니 젊어야 하고, 비리를 적발하려니 깨끗해야 하고, 미꾸라지 같은 수령들의 비리를 적발해야 하니 유능해야 합니다. 이런 관리들이 많

삼사

조선 시대 언론을 담당한 **사헌부·사간원·홍문관**을 가리키는 말입니다. 사헌부는 풍속을 바로잡으며 관리의 비행을 조사하는 일을 맡아보던 관아, 사간원은 임금에게 옳지 못한 일을 고치도록 말하는 관아, 홍문관은 궁중의 서적과 문서를 관리하고, 임금의 학문적·정치적 자문에 응하는 일을 맡아보던 관아입니다.

은 곳이 삼사, 즉 사헌부·사간원·홍문관이었습니다. 그래서 주로 삼사에 있는 젊은 관리들을 암행어사로 선발했습니다.

진행자 그렇군요. 잘 알겠습니다. 다음으로 암행어사가 암행할 지역은 어떻게 선정되나요?

평론가 나라에 흉년이 들어 백성이 고통받거나 수령이 비리를 저지른다는 소문이 돌면 조정에서는 암행어사를 파견하기로 결정합니다. 암행어사를 보낼 지역은 제비뽑기를 합니다. 먼저 팔도 가운데 몇 개의 도를 뽑고 나서 그 도에 속하는 고을을 다시 뽑습니다. 이렇게 암행할 지역을 선정하는 것을 추생이라고 합니다. 추생을 통해 보통 네 개의 도를 선정합니다만 나라 전체에 어려움이 생기면 나라 전체에 암행어사를 파견합니다. 이렇게 암행 지역으로 선정된 고을을 생읍이라고 합니다. 생읍이 결정되면 암행어사를 선발해 지방으로 내려보냅니다.

진행자 그런데 궁금한 게 있습니다. 이 기자가 만난 박 암행어사도 봉서를 동대문 밖에서 뜯어보았잖아요. 집에서 뜯어보면 봉서의 먹물이 지워지기라도 하나요?

평론가 진행자님, 생각 좀 해 보세요. 암행어사가 꼭 지켜야 할 게 뭐예요? 바로 철통 보안이죠. 만약 봉서를 집에서 뜯어보면 떠나기 전에 이 사람 저 사람 아는 사람도 만나고, 그러다 보면 비밀이 새지 않겠어요? 그러니까 성 밖에서 뜯어보고 바로 암행할 지방으로 떠나라는 뜻이에요.

지방 수령이 깨끗해야 백성들이 편안하고 나라가 산다

진행자 그렇군요. 지금까지 암행어사의 이모저모에 대해 알아봤는데요, 정 교수님, 암행어사 제도의 역사적 의의가 뭘까요?

평론가 '한 송이 국화꽃을 피우기 위해 봄부터 빼꾸기는 몸으로 울었나 보다'라는 시가 있습니다. 암행어사는 못된 수령 때문에 백성들이 고통받지 않게 하려고 몸부림친 한 마리 빼꾸기였습니다.

진행자 참, 오늘은 이상한 비유를 들더니, 참, 서정주 시인의 시를 이상하게 만드시네요. 한 송이 국화꽃을 피우려면 소쩍새가 울어야지 왜 빼꾸기가 몸으로 울어요! 좀 알기 쉽게 말씀해 주세요.

평론가 조선 정부는 고을의 크기에 따라 부사, 목사, 군수, 현감 등을 파견해 백성들을 다스렸습니다. 그런데 고을 수령이 아무리 백성들을 못살게 굴고 착취해도 백성들이 수령을 고소하는 게 법으로 금지되어 있어서

> *암행어사는 조선이 나라의 기강을 바로잡고,*
> *백성을 편안케 하려는 통치 철학이 반영된 감찰 제도로,*
> *탐관오리의 수탈로 고통받는 백성에게*
> *위로를 전해 준 한줄기 빛이었습니다.*

백성들은 억울한 일을 당해도 마땅히 하소연할 데가 없었습니다. 그래서 왕은 암행어사를 파견해 부패한 수령들을 잡아내 백성들의 억울함을 풀어 주었던 것입니다. 암행어사는 조선이 나라의 기강을 바로잡고 백성을 편안케 하려는 통치 철학이 반영된 감찰 제도라고 할 수 있습니다.

진행자 그렇군요. 그게 다인가요?

평론가 물론 조선 시대 왕이 암행어사 제도를 만든 것이 순수한 의도만 있었던 건 아닙니다. 백성들을 사랑하는 마음이 가장 크기는 했지만 왕조 체제를 잘 유지하기 위해서이기도 했습니다. 탐관오리들이 백성들을 지나치게 수탈하여 백성들이 봉기를 일으키면 왕조를 유지하는 데 애를 먹을 수 있으니까요. 그래서 탐관오리를 적발하여 백성들이 봉기를 일으키는 것을 막자, 뭐 이런 뜻에서.

진행자 역시 그렇군요. 정리하겠습니다. 그러니까 왕의 명령을 받고 지방 고을을 몰래 다니며 수령의 비리를 적발하던 암행어사는 조선 후기에 그 역할을 잘했는지 의심스럽기는 합니다. 결국 조선 말에 지방 수령들의 가혹한 수탈을 참다못한 농민들이 진주에서 봉기를 일으키고, 전라도에서 동학 농민 운동을 일으킨 걸 보면 암행어사 제도가 과연 제대로 작동했는지 의심이 들기도 합니다. 그러나 암행어사 제도마저 없었다면 조선은 탐관오리의 부정부패로 백성들의 고통은 더욱 극심했을 겁니다. 암행어사는 혹기사처럼 신분을 숨기며 탐관오리에게는 철퇴를 내려 고통받는 백성에게 위로를 전해 준 한줄기 빛이었습니다. 오늘의 《히스토리 톡톡》을 모두 마치겠습니다. 시청자 여러분, 다음 주에 다시 찾아뵙겠습니다. 모두 편안한 시간 되십시오. 감사합니다.

조선 왕조는 암행어사 제도를 통해
탐관오리들에게 수탈당하는 백성들의 봉기를 막고
왕조를 유지하고자 했습니다.

11
금난전권

금난전권란

조선 후기에 시전 상인들이 허가받지 않은 상인인 난전을 금지할 수 있었던 권리입니다. 농업 국가였던 조선에서는 나라에서 허가를 받은 상인들만 장사를 할 수 있었습니다. 조선 후기에 수공업과 상업이 발전하면서 허가를 받지 않는 난전이 늘어나면서 시전 상인들이 큰 타격을 받게 되자 시전 상인들이 나라에 난전을 금지할 수 있는 권리, 즉 금난전권을 요청하였습니다. 정부에서는 시전 상인들에게 나라와 궁궐에서 필요한 물품을 공급받고 있었기 때문에 금난전권을 주었습니다. 하지만 시전 상인들이 금난전권을 이용해 과도하게 난전 상인들에게 큰 피해를 주었고, 상업의 발전을 가로막았습니다. 결국 정조 때인 1791년에 육의전을 제외하고 시전 상인이 가지고 있던 금난전권은 폐지되었습니다.

진행자 시청자 여러분 안녕하십니까? 《히스토리 톡톡》 시간입니다. 오늘도 역사 평론으로 정평이 나 있는 정두식 교수님, 그리고 미모와 지성을 겸비한 강혜영 변호사님 나오셨습니다. 두 분 안녕하십니까?

평론가 네, 안녕하십니까?

변호사 안녕하세요? 그런데 오늘 진행자께서 저를 소개를 멋지게 해 주시네요. 제가 미녀 검사라고 하는 거 더 이상 말하지 말라고 그러시더니, 작별의 시간이 다가오는 게 느껴지네요. 제가 대학 다닐 때 남자 친구가 '혜영아, 넌 멋진 여자야.'라고 평소에 안 하던 칭찬을 하더니 다음

날 '우리 그만 만나.' 이러더라고요. 하, 지금 생각해도 어이가 없어요.

진행자 강 변호사님께도 남자에게 차였던 그런 흑역사가 있으셨네요, 하하. 오늘이 벌써 《히스토리 톡톡》 열한 번째 시간입니다. 다음 시간이면 법과 제도 편이 끝나네요. 그동안 정말 고생 많으셨습니다. 법과 제도 이후에 만들 프로그램은 다음에 말씀드리기로 하고요, 오늘 주제로 들어가 보죠. 바로 조선의 상업 제도와 금난전권 폐지입니다. 정 교수님, 오늘의 주제를 조선의 상업과 금난전권 폐지로 정한 이유를 설명해 주세요.

평론가 잠깐, 노래 한 소절 불러 보겠습니다. '아, 장사하자, 아 장사하자, 아 장사하자 먹고살자.'

진행자 어휴, 지난 시간에는 서정주 시를 패러디하시더니, 오늘은 왜 노래를 부르고 그러세요.

평론가 제가 좋아하는 밴드의 '장사하자'라는 노래입니다. 제가 아마추어 밴드에서 기타와 보컬을 맡을 정도로 노래에 관심이 많습니다.

변호사 정 교수님, 역사 토론이 무슨 예능 프로그램이에요?

평론가 허허! 강 변호사님은 시청자 게시판 안 보시나 봅니다. 지금 강 변호사와 저 중에서 누가 더 인기가 많은지……. 정통한 역사 평론이란 뜻의 정평이라는 제 팬 카페도 생겼습니다.

진행자 인기에는 전혀 관심이 없다고 하시더니 시청자 게시판을 챙기시네요. 이제 그만, 오늘의 주제로 들어가시죠.

평론가 예나 지금이나 사람이 살아가는 데는 세금 제도도 중요하고 사법 제도도 중요하지만 가장 중요한 게 무엇일까요? 바로 먹고사는 일입니다. 물론 먹고사는 데는 농사가 가장 중요했지만 그것만큼 중요한 것이 상업입니다. 바로 장사죠. 오늘의 주제가 상업의 발전인 이유입니다. 그런데 상업의 발전에서 가장 중요한 사건이 금난전권 폐지입니다.

진행자 법률 용어에 정통하신 강 변호사님, 금난전권이 무엇인가요?

변호사 난전을 금지할 수 있는 권리예요. 시전 상인이 난전 상인을 단속할 수 있는 권리를 뜻하죠.

시전 상인은 허가를 받은 상인, 난전 상인은 허가를 받지 못한 상인

진행자 시전 상인과 난전 상인은 어떤 상인을 말하나요?

변호사 시전 상인은 나라에서 허가를 받고서 장사하던 상인을 말해요. 이들은 장사를 할 수 있는 허가를 받는 대신에 나라에 세금을 냈죠. 이에 비해 난전 상인은 허가를 받지 않고 장사를 하는 상인을 말해요. 물론 세금도 내지 않았죠. 그러니까 세금을 내고 장사하는 시전 상인에게 세금을 내지 않고 장사하는 난전 상인이 장사하는 걸 막을 수 있는 권리를 준 거예요. 금난전권은 조선 후기 정조 때 이르러서야 폐지되었고, 그 뒤 조선의 상업 발전에 큰 영향을 끼치게 되었죠.

진행자 아직도 시전과 난전이 좀 어렵네요.

변호사 좀 더 쉽게 설명해 드릴게요. 조선의 수도 한양에는 국가가 허가해 준

"시전 상인은 나라에서 허가를 받고 장사를 했고,
난전 상인은 나라에서 허가를 받지 않고 장사를 했습니다."

시전이라는 상설 점포가 있었어요. 상설 점포는 매일매일 문을 여는 점포를 말해요. 시전은 지금의 서울 종로 일대에 있었고, 지방에는 삼일장, 오일장 같은 장시가 있었어요. 한양에는 시전, 지방에는 장시, 오케이?

진행자 네, 오케이. 그런데 시전은 언제부터 있었나요?

변호사 조선이 건국 후에 개성에서 한양으로 수도를 옮기잖아요. 한양으로 수도를 옮긴 뒤 지금의 종로에 육조 거리를 만들고서 800여 칸이 넘는 점포를 세워 상인들에게 임대했어요. 점포는 나중에 2,500칸까지 늘어났죠. 이게 바로 시전이에요. 시전 상인은 나라의 허가를 받고 장사를 하는 대가로 세금을 내고, 궁궐이나 관청에서 필요로 하는 물품을 대는 의무를 졌어요. 농민들이 군대 가는 군역, 공사장 가는 요역을 지는 것처럼 시전 상인들은 궁중에 물건을 납품하는 역을 진 거예요.

진행자 아하! 그렇군요. 이제야 시전이 왜 생겼고, 시전 상인의 역할이 무엇인지 알겠어요. 그런데 나라의 허가를 받고 장사를 한다는 게 좀 이해가 안 되네요. 정 교수님, 설명 좀 해 주시죠.

평론가 우선 조선이 어떤 나라인지 이해해야 합니다. 조선은 성리학을 건국

〈주막〉, 김홍도

〈행상〉, 김홍도

〈장터길〉, 김홍도

이념으로 내세운 농업 국가였습니다. 조선의 관리들은 모두 성리학을 공부한 유학자이기도 했죠. 유학자들은 농업을 가장 중요하게 여겼고, 상업을 천하게 여기면서 통제해야 한다고 생각했습니다.

진행자 그래도 좀 이해가 안 됩니다.

평론가 조선 시대는 농사가 모든 산업의 으뜸으로 삼는 중농주의 정책을 폈습니다. 백성들도 대부분 농사를 지었고, 세금도 곡물로 받았죠. 그러니 조선의 모든 정책은 농업을 중심으로 꾸려졌습니다. 그런데 상업이 발달하면 어떻게 되겠습니까? 백성들이 너도나도, '아, 장사하자, 아 장사하자, 아, 장사하자 먹고살자.' 이러면서 장사에 나서지 않겠습니까? 그러면 농민이 줄어들 테고, 세금도 덜 걷힐 테지요. 그래서 상업을 국가에서 철저하게 통제했던 겁니다.

진행자 역시 숨어 있는 역사적 의미를 설명해 주는 데는 정 교수님이 갑입니다. 그러면 유학자들은 상인을 어떻게 생각했나요?

평론가 사농공상이라는 말을 들어보셨나요? 앞에서 조선의 신분 제도를 했는데요, 다시 한 번 설명하면 조선은 양인과 천인으로 신분을 나누고, 양인을 다시 네 신분으로 나눕니다. 글 읽고 정치하는 사대부, 농사짓는 농민, 물건 만드는 공인, 그리고 장사하는 상인이지요. 사농공상이

사농공상

예전에, 백성을 직업으로 나누던 네 가지 계급이에요. 사(士)는 공부하는 **선비**, 농(農)은 **농부**, 공(工)은 **수공업자**, 상(商)은 **상인**을 이르던 말입니다. 유교의 영향으로 공부를 하는 선비가 가장 높은 계급이었고, 그다음이 농부, 수공업자, 상인 순이었습니다.

란 말은 이 네 신분의 귀천을 나타낸 말입니다. 이를 보면 상인이 가장 낮은 신분이라는 것을 알 수 있습니다. 유학자들은 상인을 생산 활동은 하지 않고, 중간에서 이득을 취한다고 하여 천하게 생각했습니다.

진행자 그렇군요. 그런 생각을 가졌다면 아예 장사를 하지 못하게 해야지 시전과 장시 같은 시장은 왜 있는 것인가요?

평론가 그래도 나라에서 필요한 물건이 많지 않겠습니까? 그리고 한양 도성에 사는 사람들이 입고, 먹고, 멋 내고, 제사 지낼 때 필요한 물건이 많을 텐데, 이런 것들은 시장에서 구해야 합니다. 그러니 시장이 꼭 필요했던 것입니다.

상인들의 자유로운 경쟁을 방해하는 금난전권

진행자 금난전권이 어떤 문제가 있어서 정조가 금난전권을 폐지했는지 알아봐야겠죠. 정 교수님, 나라에서 언제부터 시전 상인에게 금난전권을 주었나요?

평론가 대략 17세기 초라고 전해 옵니다.

진행자 시전 상인에게 금난전권을 준 계기가 있나요?

평론가 시전 상인들은 금난전권이 폐지되기 전까지 장사할 맛이 났을 것입니다. 나라에 세금을 바치고, 관청에 물품을 조달하는 국역을 부담하기는 했지만 독점 판매권을 가지고 있었잖아요. 이를테면 진행자께서 종로

"나라에 세금을 바치고, 물품을 공급하는 시전 상인을 보호하기 위해서 시전 상인에게 금난전권을 주었습니다."

시전에서 비단을 파는 비단 상인이라고 해 봅시다. 한양 사람들은 모두 진행자님 점포에서 비단을 사야 했어요. 얼마나 쉽게 돈을 벌 수 있었겠어요. 그런데 난데없이 허가도 받지 않은 난전 상인이 나타나 슬금슬금 비단 장사를 하는 겁니다. 그것도 더 싼값에 팔면서요. 그러면 시전 상인인 진행자님 기분이 어떻겠어요?

진행자 열 받겠죠. 나라에 꼬박꼬박 세금 내고, 점포 임대료 내고, 국가에 물품 조달해 가며 장사하는데, 난전 상인이 얌체처럼 그러면 안 되죠.

평론가 맞습니다. 난전 상인은 나라에 세금도 안 내고 점포 임대료도 내지 않는데, 장사를 방해하니 시전 상인들이 나라에 '난전을 금할 수 있는 권리를 주시오.' 이런 겁니다. 나라에서도 시전 상인에게 계속 세금도 받고, 필요한 물건도 공급받으려면 어떻게 해야겠어요? 시전 상인을 보호해야겠죠. 그래서 한양 도성 안과 도성 아래 십 리 이내의 난전을 금지할 권리를 주었습니다. 그러다가 17세기 후반에 난전이 시전을 위협할 만큼 커지면서 금난전권 폐지를 둘러싸고 시전 상인과 난전 상인의 갈등이 폭발합니다.

진행자 난전이 시전을 위협할 정도로 커진 이유가 뭔가요?

평론가 여러 가지 이유가 있습니다. 우선 한양의 인구가 크게 늘어난 것을 들 수 있습니다.

진행자 한양의 인구가 늘어난 이유가 있나요?

평론가 임진왜란과 병자호란의 어려움을 극복한 뒤 조선 경제가 17세기 무렵에 크게 발전했기 때문입니다. 농업 생산력이 늘어나고, 수공업 생산이 활발해지면서 상업도 크게 발전했죠. 그러자 사람들이 한양으로 몰려들기 시작한 겁니다.

진행자 한양으로 사람들이 몰려들었으면 장사가 잘됐겠네요.

평론가 그렇습니다. 그래서 한양 여기저기에 시장이 생겨났습니다. 이때 생긴 시장이 지금의 남대문 시장인 칠패 시장과 광장 시장인 이현 시장입니다. 칠패 시장과 이현 시장은 종로 시전과 더불어 조선의 3대 시장으로 불릴 정도로 발전했고요, 광장 시장에서 파는 육회와 녹두전이 엄청 맛있는데……, 어쨌든 난전 상인들도 한양의 권세가와 손을 잡

칠패 시장과 이현 시장

칠패 시장은 지금의 **남대문 시장**으로, 서소문 밖에 있었습니다. 이곳에서는 미곡·포목·어물 등을 비롯한 각종의 물품이 매매되었는데, 그중에서 어물전이 가장 규모가 컸습니다. 이현 시장은 지금의 **광장 시장**으로, 종로4가와 5가 일대에 있었습니다. 주로 해산물과 채소를 판매하였습니다.

고, 점차 거대한 조직까지 갖추고 시전 상인을 위협할 정도로 커집니다. 그러자 시전 상인은 더욱더 강력하게 금난전권을 행사하려 했고, 난전 상인의 세력도 점점 커지니까 시전 상인과 난전 상인 사이에는 싸움이 끊이지 않게 된 것입니다.

진행자 말하자면 이런 거네요. 건물주한테 월세 내고, 나라에 세금 내며 장사하는 식당 사장이 자기 가게 앞에서 떡볶이를 파는 노점이 자기보다 장사가 더 잘되니까 우리 가게 앞에서 장사하지 마라, 이런 거. 생존권이 걸린 문제이니 서로 물러나기가 쉽지 않겠네요.

평론가 맞습니다. 그런데 금난전권을 가진 시전 상인들이 난전을 단속하다 보니 여러 가지 문제가 생겼습니다. 시전 상인들의 횡포가 점점 심해진 것입니다. 시전 상인들은 난전 상인의 좌판을 둘러엎고, 지방 상인들에게는 자기들한테서 물건을 사 가도록 하고, 농민이나 어민이 시장에 내다 팔려고 가져온 물건을 지나치게 싸게 사들이면서 난전 상인들의 장사를 방해했습니다. 그러자 도성 안의 물가도 크게 올랐고요. 도성 안에 사는 백성들도 비싼 물가 때문에 고통을 받기 시작했습니다. 결국 난전 상인들은 정부에 금난전권을 폐지해 달라고 강력하게 요구합니다. 난전 상인들도 정부에서 무시하지 못할 정도로 세력이 컸졌으니까요.

진행자 그랬군요. 그럼 금난전권을 둘러싸고 시전 상인과 난전 상인 사이에 어떤 일이 벌어졌는지 조선 시대 시장에 나가 있는 이 기자를 불러 보겠습니다. 이 기자, 나와 주시죠.

현장 인터뷰

난전 상인, 시전 상인 갑질에 부글부글

저는 지금 17세기 후반 칠패에 나와 있습니다. 칠패는 고개를 넘으면 용산과 마포 나루로 이어지고, 서강 나루와도 가까워 생선을 파는 어물전으로 유명합니다. 이곳이 시끌시끌하네요. 무슨 일인지 그 현장으로 가보겠습니다.

기 자 시전 상인들이 나타나 생선을 파는 난전 상인의 좌판을 엎고 있네요. 난전 상인은 여기저기 널브러진 생선을 망연자실 지켜보고 있습니다. 시전 상인이 난전 상인의 생선 좌판을 왜 엎었는지 난전 상인을 만나 인터뷰를 해 보겠습니다. 여기서 왜 이러고 계시는 건가요?

난전 상인 방금 보셨잖소. 시전 상인들이 내가 가져온 생선을 죄다 둘러엎고 난리친 거. 오늘 장사는 다 글렀네. 아이고.

기 자 시전 상인들이 왜 이렇게 행패를 부리는 건가요?

난전 상인 자기들 구역이니 우리 같은 난전 상인은 여기서 장사하지 말라는 거지요. 그러면서 자기한테 물건을 팔라는 거예요. 말이 좋아서 팔라고 하는 거지 가격을 후려쳐서 거의 빼앗다시피 할 속셈이지요. 어휴, 칠패에서 시전 상인들이 깡패처럼 행패를 부리니 우리 같은 난전 상인은 아주 낭패라오.

기 자 난전 상인의 말을 들어 보니 사정이 참 딱하군요. 하지만 시전 상인도 무턱 대고 갑질을 하는 것만은 아닐 텐데요. 이번에는 시전 상인의 말을 들어보겠습니다. 방금 보니까 행패가 이만저만 아니시던데요. 너무하신 것 아닙니까?

시전 상인 행패라니, 혹시 당신 저 난전 상인과 한패 아니오? 우린 법대로 했을 뿐이오. 우리에겐 난전을 금지할 수 있는 권리가 있단 말이오.

기 자 오늘은 유난히 패 자가 들어가는 단어들이 많네요. 칠패, 깡패, 행패, 한패, 마치 라임을 맞춘 것 같네요. 그건 그렇고, 그래도 좌판을 둘러엎는 것은 좀 너무하시는 거 아닙니까?

시전 상인 너무하긴 뭐가 너무하다는 거요. 우리 보고 갑질 한다 뭐 한다 그러는데, 생각해 보쇼. 우리는 해마다 꼬박꼬박 세금 바치면서 장사하는데, 저들은 세금도 안 내고 우리랑 똑같은 물건을 나라의 허가도 받지 않고 팔고 있지 않소. 우리는 뭐 흙 퍼다 장사하는 줄 아쇼? 관청에 물건을 납품하고 나면 대금도 제대로 지불해 주지 않지, 우리 시전 상인들은 남는 게 없어요. 이럴 판에 난전들이 우리 생계를 위협하니 화 안 나게 생겼소?

기 자 시전 상인과 난전 상인의 갈등이 무척 심각해 보입니다. 과연 시전 상인과 난전 상인이 서로 상생할 수 있는 해법을 없을까요? 이상 칠패 시장에서 이 기자였습니다.

정조 임금의 금난전권 단행, 상업의 발전의 길 열려

진행자 난전 상인의 사정도 딱하지만 시전 상인의 고충도 큰 거 같습니다. 남는 게 없다고 하잖아요?

평론가 남는 게 없다는 시전 상인 말은 엄살로 보입니다. 시전 상인은 오랜 세월 동안 독점 판매권을 누려 왔고, 그 기득권을 빼앗기지 않으려고 금난전권까지 행사하며 이익을 챙겨 왔습니다.

진행자 그런가요? 금난전권은 정조 때 폐지됐다고 하는데, 정조 때 금난전권이 폐지된 이유가 있습니까?

평론가 정확하게는 정조 때인 1791년에 폐지됐습니다. 좌의정 채제공이 정조에게 금난전권 폐지를 건의했고, 정조가 받아들여 폐지한 것입니다. 그해가 신해년이어서 금난전권을 폐지한 조치를 신해통공이라고 부릅니다. 통공은 서로 통한다는 뜻이니까, 물건이 통하고, 상업이 통하고 두루두루 서로 통한다는 말이지요.

신해통공

조선 후기인 1791년에 **시전 상인**들만 할 수 있었던 상업 활동을 다른 상인들에게도 허용한 조치입니다. 하지만 **육의전 상인들의 금난전권**은 계속 인정되었습니다. 신해통공으로 상인들은 더욱 활발한 활동을 하게 되었으며 조선의 상업이 크게 발전하게 되었습니다.

진행자 말씀을 들어 보니 채제공이라는 분, 이분이 금난전권 폐지에 공이 있는 거 같은데요, 어떤 인물인지 잠깐 소개해 주세요.

평론가 정조 때 명재상입니다. 세종 때 황희, 선조 때 류성룡과 함께 조선의 3대 명재상으로 꼽힐 정도로 뛰어난 재상이었습니다. 채제공은 정조의 마음을 헤아려 서얼 출신의 박제가·유득공·이덕무 같은 젊은 학자들을 규장각 검서관에 추천했고요, 정조의 탕평책을 주도하는 등 개혁 정치와 문예 부흥에 기여했습니다. 수원 화성을 지을 때도 총감독으로서 진두지휘했습니다.

진행자 대단한 재상이군요. 채제공이 정조에게 금난전권의 폐지를 건의한 이유는 무엇인가요?

평론가 상품 판매의 독점권을 가진 시전 상인들 때문에 한양 물가가 뛰어 백성들이 살기 어렵다, 물건을 만들어 파는 수공업자와 소상공인의 소통이 막혀 상업이 발전하지 못하고 있다, 이미 거스를 수 없는 세력인 난전 상인들이 장사를 하지 못해 경제가 활발하게 돌아가지 않는다, 이런 근거를 댔습니다.

진행자 그러니까 상업 발달을 위해 금난전권을 폐지한 것인가요?

평론가 꼭 그렇지는 않습니다. 채제공은 조정에서 가장 세력이 약한 남인으로, 정조의 개혁을 도와 나라를 부강하게 만들려고 했으나 당시 왕을 위협할 정도로 세력이 강했던 노론의 반대로 제대로 개혁을 실시하기가 어려웠습니다. 그래서 신해통상을 실시하여 시전 상인들이 경제적으로 지원하고 있는 노론에게 경제적으로 타격으로 주려는 목적도 있었던 거지요.

진행자 금난전권 폐지에 그런 정치적 배경이 있었군요. 그럼, 금난전권은 완전히 폐지된 것인가요?

평론가 꼭 그렇지는 않습니다.

진행자 또 '꼭 그렇지는 않습니다.'라고 하시네요. 무엇 때문인가요?

평론가 육의전 상인들은 여전히 금난전권을 가지고 있었기 때문입니다.

금난전권 폐지로 조선에 부는 장사 열풍

진행자 육의전이오? 강 변호사님, 육의전은 무슨 전인가요? 제가 광장시장에서 파는 녹두전은 엄청 좋아하는데요.

변호사 어휴, 진행자님. 육의전은 부쳐 먹는 전이 아니고요, 시전 가운데 비단, 명주, 종이 등 여섯 가지 주요 상품을 취급하는 상인과 그들이 소유한 점포를 말해요.

진행자 아, 그렇군요. 그럼 육의전에 대해 좀 더 알아보면 좋겠어요. 좀 더 자세히 소개해 주세요.

변호사 최고급 수입 비단을 파는 선전, 무명을 파는 면포전, 국산 비단을 파는 명주전, 모시를 파는 저포전, 종이를 파는 지전, 생선을 파는 어물전을 육의전이라고 해요. 육의전은 독점 판매권을 가지는 대신 다른 상인에 비해 세금을 많이 냈어요.

갑오개혁

조선 고종 때인 1894년부터 1896년 사이에 추진되었던 개혁 정치입니다. 정치·경제·사회 전반에 걸쳐 **근대적인 제도**와 혁신을 단행하였습니다. 신분 제도가 사라졌고, 과거 제도를 없애고, 조혼을 금지하고, 재혼을 허가하였으며 도량형을 통일했습니다.

진행자 그럼, 육의전 상인이 취급하는 물품 말고 다른 물품을 파는 시전 상인은 난전 상인과 경쟁을 했는데 육의전 상인은 독점 판매권을 유지했군요. 왜 나라에서는 육의전 상인에게 계속 금난전권을 주었을까요, 정 교수님?

평론가 육의전에서 파는 상품이 무엇인지 보세요. 비단, 모시, 무명, 명주, 종이, 어물은 모두 없어서는 안 되는 생필품이지요. 정부는 왕실이나 관청에서 꼭 필요로 하는 물품을 안정적으로 납품 받고, 세금도 많이 거둬들이기 위해 육의전 상인에게서 금난전권을 빼앗지 않았습니다. 그러다가 개항 이후 외국 상품이 대거 들어오자 독점 판매권을 잃기 시작했고, 1894년 갑오개혁 때 금난전권이 완전히 사라지게 됐습니다.

진행자 그렇군요. 마지막으로 금난전권 폐지의 의의에 대해 짚어 보죠. 정 교수님, 어떤 의의가 있나요?

평론가 금난전권 폐지는 자유롭게 장사하려는 사람들이 늘어난 시대의 흐름을 받아들인 결과로 볼 수 있습니다. 금난전권이 폐지되자 막혔던 속이 뚫리듯 시장이 활기를 띠면서 상업이 크게 발달했습니다. 시장이 발달하자 화폐 경제가 발달했고요. 이 모든 것이 금난전권을 폐지한 결과라고 볼 수 있습니다.

진행자 강 변호사님은 하실 말씀 없으세요.

변호사 딱히 없고요, 진행자님, 오늘 방송 끝나고 광장 시장에서 빈대떡 어때요?

평론가 여보세요, 강 변호사님. 다음 프로그램 개편 때문에 그러시는 거 같은데, 진행자께 잘 보이려 하지 마시고 저처럼 개인기를 연마하세요. 아, 장사하자, 아 장사하자, 아 장사하자 먹고살자, 오늘도 방실방실 밝은 대한민국의 하느~을.

진행자 하하. 조선의 상업 발전을 가로막는 금난전권의 폐지로 조선 후기의 상업은 크게 발달했습니다. 오늘날에도 가난한 상인에게 일어나는 가슴 아픈 사연이 뉴스를 장식하곤 합니다. 소상인이 마음 편히 장사할 수 있는 방실방실 밝은 대한민국이 됐으면 좋겠습니다. 《히스토리 톡톡》을 마치겠습니다. 아, 장사하자, 아 장사하자, 아 장사하자 먹고살자, 오늘도 방실방실, 어, 제가 왜 이러죠? 정 교수님, 이 노래 은근 중독성 있네요.

평론가 그렇죠? 그렇다니까요.

조선 후기, 금난전권이 폐지되면서
조선의 상업이 크게 발전했습니다.

12
상언과 격쟁

상언과 격쟁이란

상언은 백성이 임금에게 글을 올리던 일을 말하고, 격쟁은 원통한 일을 당한 사람이 임금이 거둥하는 길에서 꽹과리나 북을 쳐서 임금이 관심을 가져 주기를 기다리던 일을 말합니다. 조선 전기에 있었던 신문고 제도의 뒤를 이어 이용된 것으로 조선 중기부터 정착되었습니다. 특히 정조가 상언과 격쟁을 장려했습니다. 정조는 억울한 일을 당하면 글을 아는 자는 글로 사연을 올리고, 글을 모르는 자는 임금이 궁 밖을 행차할 때 말로 호소하게 하였습니다. 정조는 궁궐 밖으로 자주 나가 백성들에게 격쟁을 할 수 있는 기회를 많이 주었습니다.

진행자 여러분 안녕하십니까? 역사 속 법과 제도에 대해 알아보는 《히스토리 톡톡》 마지막 시간입니다. 오늘도 정 교수님, 강 변호사님 나오셨습니다. 두 분, 마지막 시간인데 짧게 소감 한 말씀해 주세요.

평론가 제 인기가 날로 높아져서 팬 카페도 생기고, 개인기 실력도 일취월장 중인데, 벌써 마지막이라니 아쉬울 따름입니다.

변호사 저도 아쉬워요. 법률 전문가로서 조선 시대의 법과 제도에 대해 시청자 여러분과 잘 소통을 했는지 모르겠네요?

진행자 그건 시청자 여러분이 판단하셨을 거예요. 여하튼 저희는 카메라가

신문고

조선 태종 때인 1401년에 백성들의 억울한 일을 직접 해결하여 줄 목적으로 대궐 밖 문루 위에 달았던 북입니다. 그러나 신문고를 울리기 위해서는 지방 관찰사 등에게 허락을 받아야 하는 등 제한 조건이 많아서 점점 유명무실해져 연산군 때 없어졌다가 영조 때 다시 생겼습니다.

꺼지는 마지막 순간까지 정성을 다하겠습니다. 오늘은 조선 시대 왕들은 어떻게 백성들과 소통했는지에 대해서 이야기를 나누어 보겠습니다. 소통이라고 하면 왕이 백성들의 목소리를 얼마나 잘 들어주었느냐 하는 거잖아요. 저는 가장 먼저 떠오르는 게 신문고예요. 사극을 보면 억울한 백성이 궁궐에 걸려 있는 북을 둥둥 울리며 '억울하옵니다.' 이러잖아요.

평론가 그게 그리 쉬운 일이 아닙니다.

진행자 쉬운 일이 아니라니요?

평론가 신문고는 조선 태종 때인 1401년에 궁궐에 설치됐습니다. 백성들이 억울한 일이 있을 때, 그 북을 두드려 자신의 억울한 사연을 왕에게 직접 호소할 수 있도록 한 것입니다. 오늘날 청와대 홈페이지에 국민 신문고가 있는 것도 조선 시대 신문고의 맥을 잇는 거지요. 그런데 과연 조선 시대 신문고가 제구실을 다했느냐, 이겁니다.

진행자 제가 알고 있는 상식과 전혀 다른 말씀을 하시네요. 저는 억울하면 궁궐에 가서 신문고를 두드렸다고 알고 있는데요.

평론가 그렇지 않습니다. 신문고는 아무나 울릴 수 있는 게 아닙니다. 억울한 판결을 받은 백성이 여러 절차를 통과해야 신문고를 울릴 수 있었어요. 지방에서 일어난 범죄는 고을 수령에게 판결을 받아야 하고, 관찰사가 이것을 살펴보았는데도 억울하면 사헌부에 호소를 하고, 그래도 억울함이 풀리지 않으면 신문고를 울릴 수 있었어요.

진행자 신문고 울리기가 정말 쉽지 않았네요.

평론가 신문고를 두드릴 수 있는 사건도 정해져 있었습니다. 하급 관리가 고위 관리를 고발하는 것과 노비가 주인을 고발하는 것은 받아 주지도 않았습니다. 그래서 역모나 살인 또는 집안의 명예가 걸린 일만 신문고를 울릴 수 있었습니다. 또 잘못 신문고를 두드렸다가는 큰 벌을 받을 수 있었고요. 그래서 신문고는 큰 실효를 거두지 못했습니다. 그러다 결국 신문고는 조선 제일의 폭군인 연산군 때 없어졌다가 영조 때 다시 생겼습니다.

진행자 강 변호사님, 신문고가 없었을 때 백성들에게 억울한 일이 생기면 어떻게 해야 했나요? 백성들이 직접 왕에게 억울함을 하소연하는 소통 제도는 없었나요?

*“신문고를 울리려면 여러 절차를 밟아야 했고,
역모나 살인 또는 집안의 명예가 걸린 일만 울릴 수 있었습니다.”*

변호사 상언과 격쟁이 있었어요.

글을 아는 자는 상언을 올리고, 글을 모르는 자는 꽹과리를 쳐라

진행자 상언? 격쟁? 저는 잘 모르는 용어이네요.

변호사 상언(上言)은 왕에게 글을 올려서, 격쟁(擊錚)은 왕 앞에서 꽹과리를 쳐서 자신의 억울한 사정을 호소하던 제도예요. 궁궐 안으로 뛰어들어와서 징이나 꽹과리를 칠 때도 있었지만 주로 왕이 궁궐 밖으로 행차할 때를 기다렸다가 꽹과리를 쳤죠.

진행자 왕에게 글을 올리는 건 이해가 가는데요, 왕 앞에서 무엄하게 꽹과리를 두드린다고요, 진짜예요?

변호사 그럼요. 왕은 그것을 통해 백성들의 억울한 사연을 듣고 문제를 해결해 주었어요. 격쟁에 대한 이해를 돕기 위해서 제가 꽹과리를 가지고 나왔거든요. 제가 한 번 두드려 볼게요.

진행자 아, 됐고요. 어서 상언과 격쟁 이야기나 계속하죠. 조선의 왕들은 왜

> *"상언은 글을 아는 백성이 글로 왕께 억울한 일을 호소하고,*
> *격쟁은 글을 모르는 백성이 꽹과리를 쳐서*
> *왕께 억울한 일을 호소하던 제도입니다."*

시끄러운 소리를 참아 가며 백성들의 하소연을 직접 들어준 거예요?

평론가 그만한 이유가 있습니다. 조선은 유교 사회를 꿈꾸는 나라였습니다. 유교 정치의 핵심 가운데 하나가 애민 사상 또는 민본 사상입니다. 백성들을 마음을 근본으로 정치를 해야 한다는 것이죠. 그런데 백성들의 마음을 알려면 어떻게 해야 합니까? 무엇보다 백성들이 하는 소리를 잘 들어야 하겠죠. 이것이 요즘 말로 여론 수렴입니다. 상언과 격쟁이 바로 여론 수렴이라고 보면 됩니다.

진행자 왕이 백성들의 민원을 듣고 해결해 주려는 자세, 좋아요. 그런데 억울한 백성이 한둘이겠습니까? 매일매일 백성들이 궁궐에 몰려와 꽹과리를 두드리면 어디 잠이나 제대로 잘 수 있겠어요? 상언과 격쟁 말고 백성들이 억울한 사연을 하소연할 다른 방법은 없었나요?

변호사 당연히 있었죠. 진행자님이 만약 부당한 세금을 내게 생겼다면 어떻게 하시겠어요?

진행자 당장 세무서를 찾아가서 따져야죠.

변호사 그래도 해결이 안 되면요?

진행자 행정 소송을 걸겠어요. 재판을 통해 억울함을 풀어야죠.

변호사 재판에 지면요?

진행자 하, 글쎄요. 재판에 지면 더 이상 할 방법이 없는데…….

변호사 바로 그럴 때 상언이나 격쟁을 하는 거예요. 정상적인 절차를 거쳤는데도 억울함이 풀리지 않으면 왕한테 직접 호소하는 거죠. 지방에 사는 백성들은 억울한 일이 있을 때 먼저 지방 수령과 관찰사에게 호소하고,

그래도 안 되면 중앙 수사 기관인 사헌부에 고발하는 절차가 있었어요. 그런데도 억울함이 풀리지 않으면 짐 싸 들고 한양에 올라가 임금에게 호소하는 거예요. 신문고를 두드릴 때와 같은 절차를 거쳐야 했어요.

〈정조 임금 수원 화성 행차〉

정조는 아버지 사도세자의 묘소가 있는 수원에 자주 행차했고, 이때 백성들의 억울한 사연을 들었습니다.

진행자 상언과 격쟁은 신문고가 없어졌을 때 시작된 제도라고 하는데, 언제 시작됐는지 정확한 기록이 있나요?

평론가 언제 시작됐는지는 정확하지는 않습니다. 한양의 관리나 가끔 신문고를 이용했고, 상민이나 노비들은 거의 이용할 수 없게 되자 상언과 격쟁이 백성들의 민원을 해결하는 제도로 자리를 잡았습니다. 상언과 격쟁은 언제부터 시작됐는지 확실하진 않지만 15세기에 시작됐다는 기록이 있고, 조선 중기인 16세기에 활발하게 이뤄졌다고 합니다.

진행자 그럼, 징이나 꽹과리를 두드릴 수 있는 사건이 따로 있었나요? 사소한 문제로 왕을 찾아갈 수는 없었을 거 아닙니까?

변호사 《경국대전》에 따르면 상언과 격쟁을 할 수 있는 경우가 네 가지 있었어요. 자신에게 형벌이 미칠 경우, 부자 관계를 밝히거나 본처와 첩의 관계를 밝히는 경우, 양인과 노비 신분을 밝히는 경우에만 하도록 규정되어 있었어요.

진행자 세금을 더 많이 내게 생겼거나 하는 경우는 할 수 없다는 거네요.

변호사 그건 그래요. 세금 문제 같은 경우는 앞서 말씀드린 대로 절차를 밟아 해결해야 하고요, 만약 암행어사가 출두하면 암행어사에게 호소할 수도 있어요. 상언과 격쟁은 조건이 까다롭긴 했지만 시간이 지날수록 활발해졌어요. 18세기 후반에는 상언과 격쟁이 아주 많아졌어요.

정조 시대는 상언과 격쟁의 전성시대

진행자 18세기에 무슨 일이 있었기에 그랬나요? 대장간 마트에서 꽹과리와 징을 원 플러스 원으로 세일이라도 했나요?

평론가 역사적으로 보면 말이지요, 정조 덕분이지요.

진행자 정조가 상언 격쟁과 무슨 관련이 있다는 거죠?

평론가 정조가 왕위에 오르면서 상언과 격쟁을 장려했기 때문입니다. 조선 시대 가장 백성을 사랑하는 임금이 누구인 줄 아십니까? 조선 전기에는 세종, 후기에는 정조를 꼽습니다. 정조가 얼마나 백성들의 목소리를 잘 들었느냐 하면, 그전에는 격쟁을 하려면 궁궐 안에서 하는 게 보통이었어요. 그러니 백성들이 궐내로 들어가 꽹과리 두드리는 게 쉽지 않았죠. 그런데 정조는 자신이 궁궐 밖으로 행차할 때 격쟁하도록 법으로 정해 버렸습니다. 격쟁을 할 수 있는 내용도 세금 문제, 재산권 다툼 같은 개인적인 일까지 가능하도록 했습니다.

진행자 정조는 정말 훌륭하네요. 백성들이 수사와 판결을 공정하게 받도록 애를 쓰고, 형벌 도구도 통일시켜 고을 수령이 멋대로 죄인을 고문하거나 벌을 주지 못하도록 하고, 난전 상인들을 위해 금난전권도 폐지하고……

평론가 그렇습니다. 정조는 자신을 백성을 비추는 달이라고 생각했습니다. 평소에도 백성들이 억울한 일을 당하는 걸 가장 걱정했습니다. 신하들이 '격쟁하는 백성들이 법을 우습게 알고 지방 수령에게 고할 걸 무엄하게 주상 전하께……'라고 고하면 '백성들의 잘못이 아니오. 백성들의 억울함을 풀어 주지 못한 관리들의 잘못이지.' 이러면서 격쟁을 더욱더 장려했다는 겁니다.

변호사 정조는 궁궐 밖으로 행차하는 날도 많았어요. 잘 알다시피 정조는 효심이 깊어서 아버지 사도세자의 묘를 자주 찾았는데요, 왕으로 있었던 25년 동안 무려 60번 넘게 능행을 했어요. 능행 때마다 상언과 격쟁을 통해 해결해 준 민원 건수가 4천 건이 넘는다고 해요.

진행자 우아, 정조 같은 지도자가 오늘날에도 나타나면 얼마나 좋을까요? 그럼, 오늘도 열일하는 이 기자가 정조가 격쟁을 받는 현장에 나가 있는데요, 현장 중계를 보시고 계속 이야기 나누도록 하죠. 이 기자!

현장 인터뷰

찾아 가는 민원 접수 창구, 상언과 격쟁

네, 저는 지금 정조가 수원 화성을 행차하는 현장에 나와 있습니다. 정조가 행차하는 길을 따라 백성들이 쭉 늘어서 있습니다. 말씀드리는 순간, 정조의 어가 행렬이 시흥 고을로 진입하고 있습니다. 백성들이 정조 앞으로 몰려가 꽹과리를 두드립니다. 정조가 어가를 멈추고 백성의 목소리를 듣고 있습니다. 어떤 내용인지 잠시 들어보겠습니다.

정 조 그대의 사연은 무엇인가?

격쟁인 전하, 저는 경상도 거창에 사는 아무개이옵니다. 얼마 전 창원 관아에서 소인에게 환곡으로 곡식을 빌려준다기에 저는 환곡이 필요치 않다고 하였더니 저를 끌고 가더니 마구 두들겨 팼습니다. 그것도 모자라 말리는 제 노모를 발로 짓밟아 노모께서 돌아가시고 말았습니다. 그런데도 고을 수령은 아직까지 처벌을 받지 않고 계속해서 세금을 부당하게 수탈하고 있습니다. 전하, 저희의 억울함을 풀어 주시옵소서.

정 조 알겠다. 검토하도록 하겠다.

기 자 격쟁이 계속 이어집니다. 자기 선산에 몰래 쓴 묘를 파 가게 해 달라는 사연, 진상으로 바치는 인삼의 양을 줄여 달라는 하소연, 허가를 받지 않은 난전 상인들이 송파 나루에서 크게 장사를 벌여 시전 상인의 피해가 막심하니 난전을 단속해 달라는 호소가 이어집니다. 이상 격쟁의 현장에서 이 기자였습니다.

격쟁에서 접수받은 민원은 3일 이내에 처리하여 왕에게 보고해야

진행자 우아, 왕 앞에서 쫄지 않고 자기의 억울함을 호소하는 백성들이나, 그걸 다 들어주는 왕이나, 다들 대단하네요. 그럼 이제 백성들 소원을 들었는데 그 처리는 어떻게 하나요?

변호사 격쟁은 해당 관청에 내려보내 처리하도록 하는데, 처리 기한이 3일이에요. 관리들이 3일 이내에 민원 처리 현황을 왕께 보고해야 해요.

진행자 무척 빠르군요. 청와대 신문고에 접수된 민원을 처리하는 기한이 보통 7일에서 14일인데, 그보다 더 빠르네요. 혹시 조선 시대 상언과 격쟁 건수가 얼마나 되는지 통계가 있나요?

변호사 정조 때만 보면 상언과 격쟁 건수가 총 4,427건이었어요. 그중 상언이 3,000여 건, 격쟁이 1,300여 건이었죠. 정조는 접수된 상언과 격쟁을 어떻게 해결해 줘야 하는지 고민하느라 허구한 날 밤을 샜다고 해요. 대단하죠? 더 대단한 건 《일성록》에 처리 결과를 모두 기록했다는 사실! 참고로 《일성록》은 왕의 일거수일투족을 낱낱이 기록한 책이에요.

진행자 아, 정조는 정말 대단해요! 다른 왕들은 어땠나요?

평론가 다른 왕은 기록을 다 남기지 않아서 정확한 비교를 하긴 어렵습니다만 《조선왕조실록》에 나타난 상언과 격쟁의 기록을 토대로 비교해 보면 정조가 다른 임금보다 세 배 이상 많은 상언과 격쟁을 처리한 걸 알 수 있습니다. 정조는 정말 열심히 일을 한 임금이었습니다.

일성록

1760년부터 1910년까지 약 150년간 조선의 역대 **임금의 말과 행동**을 날마다 **기록**한 책입니다. 임금의 일기 형식을 갖추고 있으나 실질적으로는 정부의 공식적인 기록입니다. 정조의 세손 시절에 시작되어 즉위 후 규장각이 있는 동안에는 규장각의 관리들에게 편찬하도록 하였습니다.

진행자 우아, 이 정도면 정조 대왕과 인터뷰를 안 할 수 없군요. 스튜디오에 정조 대왕이 직접 나오셨습니다. 박수로 맞아 주십시오.

소통왕 정조 인터뷰

백성의 소리가 하늘의 소리

진행자 대왕님, 어서 오세요. 뵙게 되어 영광입니다.

정 조 뭐 영광까지야. 반갑네.

진행자 대왕님, 직접 보니 훈남이세요.

정 조 훈남? 훈족 남자란 뜻인가? 하긴, 저 북방 유목민인 훈족과 우리가 생김이 비슷하긴 하지.

진행자 그게 아니고요. 엄청나게 훈훈하고 멋진 남자란 뜻이에요. 오늘 저희가 대왕님을 모신 이유가 있습니다. 대왕님께서 조선의 임금님들 중에서 가장 많은 상언과 격쟁을 들어주셔서 소통왕으로 꼽혔기 때문입니다.

정조

조선 제22대 왕입니다. 사도세자의 아들로, 사도세자가 죽임을 당한 후에 어렵게 왕위에 올랐습니다. 영조의 뒤를 이어 탕평책을 써서 인재를 고루 등용하고, 실학을 크게 발전시켜 조선 후기 문화의 황금시대를 이룩하였습니다. 상업과 격쟁을 장려하였으며 수원 화성을 지었습니다.

정 조 소통왕이라니 기분이 좋군. 허나 백성과 소통하는 건 당연한 거라네. 백성은 내 자식들이지. 생각해 보게. 자네 아들이 너무 억울한 일을 당해 아버지인 자네에게 울면서 호소하면 어찌하겠나, 무슨 수를 써서라도 해결해 주려 하겠지?

진행자 아, 그렇군요. 정말 백성을 자식처럼 사랑하셔서 자연스럽게 하신 행동이군요. 역시 백성 사랑이 둘째라면 서러워할 임금님이시네요.

정 조 아닐세. 나는 세종 대왕님을 따라갈 수가 없네. 세종 대왕께서 세금 제도인 전세를 개혁할 때 어떻게 하셨는지 아는가? 누구나 일률적으로 수확량의 10분의 1을 세금으로 내는 게 백성들에게 부담을 주는 거라 생각하셨지. 그래서 토지가 얼마나 비옥한지를 따져 토지를 여섯 등분하고, 올해가 풍년인지, 흉년인지에 따라 아홉 등분해서 전분 6등법과 연분 9등법을 만드셨네.

진행자 아, 네. 그래서 무슨 말씀을 하시려는 건지 소인은…….

정　조 새로운 세금 제도를 만들기 위해 세종 대왕께서는 조선 팔도 백성들에게 여론 조사를 실시하셨네. 모든 백성의 목소리를 들으시겠다고. 그렇게 백성들의 목소리를 다 들어가며 10년 넘게 법을 고치고 고쳐 세금 제도 개혁안을 만드셨네. 그런 모습이야 말로 소통왕의 모습이 아니겠는가?

진행자 그렇군요. 세종 대왕께서는 온 백성을 상대로 차근차근 10년 넘게 여론을 수렴하신 것이고, 정조 대왕님께서는 화끈하게 직접 백성들의 목소리를 들으신 거군요. 두 분 모두 소통왕이지만 스타일은 다른 거 같네요. 저기, 정 교수님, 어렵게 정조 대왕님 모셨는데, 궁금한 게 있으면 여쭤 보시죠.

평론가 대왕님 안녕하십니까? 학교에서 역사를 가르치고 있는 정두식입니다. 오늘 상언과 격쟁에 대해 이야기를 나누고 있습니다. 앞서 임금님께서 백성을 자식처럼 사랑하는 마음에서 백성들의 억울함을 풀어 주려고 상언과 격쟁을 장려하셨다고 하셨지요?

정　조 그랬지.

평론가 저는 대왕님께서 소통왕이 되신 다른 이유가 있는지 궁금합니다. 대왕님께서 재위하신 동안 조선은 농업과 상업이 발달하여 농산물과 공산품이 늘어나고, 상품 화폐 경제가 활발하게 돌아갔습니다. 그러면서 지방 수령들이 농민을 더욱 과감하고 악랄하게 수탈하는 일이 벌어졌지요. 그래서…….

정　조 역사를 가르친다더니 진행자와 다르게 질문이 고급지네그려. 맞네. 지방 수령들이 백성들을 수탈하는 강도가 강해지자 백성들의 불만도 점점 높아졌네. 그런데 백성들의 불만을 해결하지 않으면 어떻게 되겠나? 백성들이 못살겠다고 들고일어나기라도 하면 나라를 제대로 다스릴 수 없게 되겠지. 그래서 민심을 살펴서 정치에 반영하여 나라를 안정적으로 이끌어 가려는 뜻에서 상언과 격쟁을 적극적으로 들어준 거라네. 오늘은 이 정도로 할까? 불러 줘서 고맙네.

진행자 네, 대왕님. 먼 길 나와 주셔서 고맙습니다.

정조가 죽고 난 뒤 조선은 다시 불통의 시대로

진행자 정조를 직접 뵈니까 백성들을 얼마나 아끼고 사랑하는지 바로 느낌이 오네요. 강 변호사님은 어떠셨어요?

변호사 프로그램에 출연한 보람을 느꼈어요.

진행자 그러셨군요. 오늘 이야기 정리할까요? 정조가 백성들과 소통을 잘하셨는데, 그다음에 어떻게 됐나요, 정 교수님?

평론가 1800년에 정조가 갑자기 세상을 떠났습니다. 그 뒤 상언과 격쟁은 급격하게 줄어들었고, 권력을 독점한 세도가들이 국정을 농단했습니다. 방금 정조께서 말씀한 것처럼 백성들의 불만이 쌓이고 쌓여 화산처럼 터져 나왔지요. 정조가 돌아가신 지 11년 뒤에 평안도에서 홍경래가 봉기하고, 그로부터 51년 뒤에는 진주 농민들이 봉기를 일으키고, 그로부터 32년 년 뒤에는 전라도에서 동학 농민 운동이 일어났습니다. 정조께서 걱정하신 것처럼 백성들의 목소리에 귀 기울이지 않은 세력가들이 만든 결과였습니다. 그런 의미에서 백성들과의 소통은 무척 중요하고, 백성들의 목소리를 직접 들은 상언과 격쟁 제도는 무척 뛰어난 제도라 아니할 수 없습니다.

진행자 그렇군요. 대한민국이 건국된 이후에도 국민들과 소통하지 않은 대통령이 불행한 역사를 맞이하는 경우가 적지 않았습니다. 그들이 정조와 같은 생각을 했다면 그런 불행한 최후를 마치지는 않았을 텐데요, 그 점이 안타깝네요. 그래서 역사를 모르면 미래가 없다는 말을 하는지 모르겠습니다. 이제 법과 제도를 알아보는 《히스토리 톡톡》을 모두 마쳐야 할 시간인데요, 짧게 한 말씀씩 해 주시죠.

평론가 온고지신, 옛것을 익히고 그것을 통해 새것을 안다는 뜻입니다. 역사 속 법과 제도를 제대로 알아서 좋은 제도는 오늘에 되살리는 지혜를 발휘했으면 좋겠습니다.

변호사 법고창신, 옛것을 본받아 새것을 창조한다는 말이에요. 저 역시 정 교수님의 의견처럼 좋은 제도를 본받아서 더 좋은 새 제도를 창조했으면 좋겠어요.

진행자 멋진 말씀이네요. 두 분 모두 옛것을 통해 새것을 만드는 게 좋겠다는 말씀을 해 주셨네요. 지금까지 《히스토리 톡톡》에 나와서 좋은 말씀 해 주신 역사 평론가 정두식 교수님, 법률 전문가 강혜영 변호사님 고맙습니다. 저희는 법과 제도 편을 마치고요, 다음 시간에 좀 더 흥미

로운 주제를 가지고 새롭게 찾아뵙도록 하겠습니다. 지금까지 《히스토리 톡톡》을 시청해 주신 시청자 여러분 대단히…….

변호사 진행자님, 저 다음 프로그램에도 출연할 수 있는 거죠?

진행자 글쎄요, 강 변호사님이야, 워낙 미모도 뛰어나시고, 다른 프로그램에서도 섭외가 많이 들어오지 않나요?

평론가 저는 개인기가 뛰어나니까 당연히.

진행자 정 교수님도 워낙 역사 평론에 정통하시니까 다른 프로그램에서…….

평론가 진행자님, 시청자 게시판 안 보셨어요? 제 팬 카페와 강 변호사 팬 카페에서 연합으로 인기 많은 저와 강 변호사를 살리고, 진행자는 교체해야 한다는 청원을 넣기로 했다던데요?

진행자 네? 진짜요? 역사 평론에 정통한 정 교수님, 미녀 검사 출신의 강 변호사님, 아까 제가 한 말은 농담이었고요, 우리 끝까지 함께 가는 거예요. 파이팅! 이상으로 《히스토리 톡톡》을 모두 마치겠습니다. 끝까지 시청해 주신 시청자, 아니 독자 여러분, 고맙습니다.

정조는 소통 정치로 조선의 발전을 이끌었으며
오늘날에도 국민과 소통하는 정치는 무엇보다
중요한 정치인의 덕목입니다.